Comunicación Efectiva: El Secreto del Éxito en Ventas

I0427427

Comunicación Efectiva: El Secreto del Éxito en Ventas es un libro completo para vendedores que desean alcanzar el éxito en el competitivo mundo de las ventas. A lo largo de estas páginas, exploramos estrategias probadas para mejorar la comunicación interpersonal, desde la escucha activa hasta el manejo de objeciones, pasando por el desarrollo de habilidades persuasivas éticas. Con ejemplos prácticos, consejos expertos y técnicas probadas, este libro te brinda las herramientas necesarias para establecer conexiones sólidas con tus clientes, influir en sus decisiones de compra y alcanzar tus objetivos de ventas con confianza y eficacia.

Comunicación Efectiva: El Secreto del Éxito en Ventas

Información legal

Título del libro: Comunicación Persuasiva: El Secreto del Éxito en Ventas

Autor: Dionisio Melo

Nombre editorial: Publicación Independiente

ISBN: 9798877754355

Índice

Comunicación Efectiva: El Secreto del Éxito en Ventas

Adaptabilidad comunicativa

La importancia de la adaptabilidad en la comunicación.

Identificación de estilos de comunicación y preferencias del cliente.

Estrategias para adaptar el estilo de comunicación según el cliente y la situación.

Ejemplos de casos prácticos de adaptabilidad comunicativa en ventas.

Manejo de objeciones

Entendiendo las objeciones como oportunidades.

Técnicas efectivas para abordar y superar objeciones.

La importancia de la empatía en el manejo de objeciones.

Cómo convertir objeciones en puntos de venta.

Cierre de ventas

El arte del cierre de ventas.

Técnicas efectivas de cierre de ventas.

Estrategias para identificar el momento adecuado para cerrar la venta.

Superando el miedo al rechazo en el proceso de cierre.

Comunicación digital

Herramientas digitales para la comunicación con clientes.

Estrategias efectivas de comunicación digital en ventas.

Comunicación Efectiva: El Secreto del Éxito en Ventas

Manteniendo una presencia relevante en las redes sociales y otros medios digitales.
Consideraciones éticas en la comunicación digital con clientes.

Empatía y conexión emocional

Importancia de la empatía en las ventas.
Desarrollando habilidades de empatía en la interacción con clientes.
Estrategias para establecer una conexión emocional con los clientes.
Beneficios de la conexión emocional en el proceso de venta.

Resolución de conflictos

Enfoque constructivo para la resolución de conflictos en ventas.
Técnicas efectivas para manejar situaciones de conflicto con clientes.
Manteniendo la calma y la profesionalidad en situaciones conflictivas.
Convertir conflictos en oportunidades para fortalecer la relación con el cliente.

Feedback y mejora continua

Importancia del feedback en el crecimiento profesional.
Estrategias para recibir y aprovechar el feedback de clientes y colegas.
Implementación de acciones de mejora basadas en el feedback recibido.

Comunicación Efectiva: El Secreto del Éxito en Ventas

Cultura de mejora continua en el ámbito de las ventas.

Identificación de los efectos del estrés en la salud física y mental del vendedor
Explorar cómo el estrés puede afectar tanto el bienestar físico como el mental de los vendedores. Discutir los síntomas comunes de estrés y cómo reconocerlos en uno mismo y en los demás. Examinar las consecuencias a largo plazo del estrés crónico en la salud y el rendimiento laboral.

Comunicación Efectiva: El Secreto del Éxito en Ventas

Prólogo
Desbloqueando el Poder de la Comunicación en las Ventas

Bienvenido al mundo de la comunicación efectiva en ventas, donde las palabras se convierten en puentes que conectan deseos con soluciones, donde la empatía es la moneda de cambio y donde el arte de persuadir encuentra su máxima expresión. En estas páginas, te invito a embarcarte en un viaje de descubrimiento y maestría, donde exploraremos los secretos de la comunicación que transforman simples transacciones en relaciones duraderas y exitosas.

¿Qué es lo que separa a un vendedor ordinario de uno extraordinario? La respuesta yace en la habilidad de comunicarse con claridad, autenticidad y persuasión. En este libro, no solo desglosaremos las técnicas y estrategias más efectivas para comunicarse con clientes de manera poderosa, sino que también exploraremos el arte de escuchar con atención, de comprender profundamente y de conectar emocionalmente.

Cada capítulo te llevará más allá de las palabras hacia un terreno fértil donde florece la confianza, la credibilidad y el éxito. Desde cómo leer los gestos no verbales de un cliente hasta cómo cerrar una venta con elegancia, cada concepto está diseñado

Comunicación Efectiva: El Secreto del Éxito en Ventas

para equiparte con las herramientas necesarias para triunfar en el exigente mundo de las ventas.

Pero este libro es más que un manual de técnicas; es una invitación a transformar la manera en que te relacionas con los demás, a descubrir la magia que ocurre cuando las palabras se convierten en instrumentos de cambio y crecimiento. Porque la comunicación efectiva no es solo una habilidad, es un arte que puede transformar vidas, abrir puertas y crear oportunidades sin límites.

Así que prepárate para embarcarte en un viaje que te llevará más allá de tus límites, que desafiará tus creencias y que te equipará con las herramientas necesarias para alcanzar nuevas alturas en tu carrera como vendedor. Porque la comunicación es más que palabras; es el alma de toda relación humana y el motor que impulsa el éxito.

¡Bienvenido a una nueva era de comunicación efectiva en las ventas!

Capítulo 1

Escucha Activa: La Clave de la Conexión Profunda con el Cliente

La comunicación efectiva es mucho más que hablar; es sobre escuchar con atención, comprensión y empatía. La escucha activa, una habilidad fundamental para cualquier vendedor exitoso, va más allá de simplemente oír lo que dice el cliente; implica comprender verdaderamente sus necesidades, deseos y preocupaciones. Es el arte de abrir tus oídos y tu corazón a la historia que cada cliente tiene para contar, para así ofrecer soluciones que realmente resuelvan sus problemas y satisfagan sus expectativas.

La escucha activa comienza con la disposición de dar al cliente tu atención completa. En un mundo lleno de distracciones y ruido, tomarte el tiempo para realmente concentrarte en lo que el cliente está diciendo puede marcar la diferencia entre una venta exitosa y una oportunidad perdida. Apaga tu teléfono, cierra la laptop y enfoca toda tu energía en la conversación que tienes frente a ti.

Una parte integral de la escucha activa es la capacidad de hacer preguntas clarificadoras. No tengas miedo de pedir aclaraciones si algo no está claro o de profundizar en detalles que te ayuden a entender mejor la situación del cliente. Esto no solo te permite obtener información más precisa, sino

Comunicación Efectiva: El Secreto del Éxito en Ventas

que también muestra al cliente que estás comprometido con entender sus necesidades.

Una vez que el cliente haya compartido su punto de vista, es crucial paráfrasis y resumir lo que has entendido. Repetir sus palabras no solo te ayuda a confirmar que has captado correctamente su mensaje, sino que también demuestra al cliente que estás comprometido con entender sus necesidades y preocupaciones.

Pero la escucha activa va más allá de simplemente escuchar las palabras del cliente. También implica prestar atención a los matices de la comunicación no verbal, como el tono de voz, el lenguaje corporal y las expresiones faciales. A menudo, estas señales pueden ofrecer pistas importantes sobre los verdaderos sentimientos y preocupaciones del cliente.

Además, es fundamental resistir la tentación de interrumpir o saltar a conclusiones antes de que el cliente haya terminado de expresar sus pensamientos. Permíteles terminar antes de responder o hacer preguntas adicionales. Esto muestra respeto por su perspectiva y les brinda el espacio necesario para expresarse completamente.

La empatía también desempeña un papel clave en la escucha activa. Intenta ponerte en el lugar del cliente y comprender su perspectiva y sus emociones. Esto te ayudará a establecer una conexión más profunda y a ofrecer soluciones que resuelvan verdaderamente sus preocupaciones.

En última instancia, la escucha activa es una habilidad que se desarrolla con la práctica y la atención consciente. Al comprometerte a escuchar con atención y empatía, puedes construir relaciones más sólidas con tus clientes, ofrecer soluciones más relevantes y diferenciarte como un vendedor verdaderamente excepcional.

Importancia de la Escucha Activa en las Ventas

La escucha activa emerge como una herramienta poderosa y fundamental para el éxito. Más que una simple habilidad, es el fundamento sobre el cual se construyen relaciones sólidas y duraderas con los clientes. En un contexto donde la competencia es feroz y las expectativas del cliente son cada vez más altas, la capacidad de escuchar atentamente se convierte en un diferenciador clave que separa a los vendedores mediocres de los excepcionales.

La escucha activa en ventas va más allá de simplemente oír lo que dicen los clientes; implica una conexión profunda y genuina con sus necesidades, deseos y preocupaciones. Es sobre estar presente en el momento, dedicando toda tu atención a la persona que está frente a ti, y mostrando un interés real por entender su situación única.

Una de las principales razones por las cuales la escucha activa es tan crucial en las ventas es su capacidad para generar una comprensión más profunda del cliente. Al prestar atención a lo que dicen los clientes y cómo lo dicen, los vendedores pueden descubrir las motivaciones detrás de sus decisiones de compra y entender qué es lo que realmente valoran en un producto o servicio.

Esta comprensión profunda del cliente a través de la escucha activa permite a los vendedores adaptar sus mensajes y soluciones de manera más efectiva. En lugar de ofrecer una respuesta genérica, pueden personalizar su enfoque para abordar las necesidades específicas de cada cliente, lo que aumenta significativamente las posibilidades de cerrar la venta.

Además, la escucha activa es fundamental para establecer confianza y credibilidad con los clientes. Cuando los clientes sienten que están siendo escuchados y comprendidos, es más probable que confíen en el vendedor y en la empresa que representa. Esta confianza es esencial para construir relaciones sólidas y duraderas que trasciendan una simple transacción comercial.

Comunicación Efectiva: El Secreto del Éxito en Ventas

Otro aspecto importante de la escucha activa en ventas es su capacidad para identificar oportunidades de venta adicionales. Al escuchar atentamente lo que dicen los clientes, los vendedores pueden detectar necesidades o problemas secundarios que podrían no haber sido mencionados de otra manera. Esto les permite presentar soluciones complementarias que agregan valor y aumentan el tamaño y la rentabilidad de la venta.

La escucha activa ayuda a prevenir malentendidos y errores al garantizar una comunicación clara y precisa entre el vendedor y el cliente. Al confirmar la comprensión de los mensajes y las necesidades del cliente a lo largo de la conversación, se reducen las posibilidades de confusiones o malentendidos que podrían afectar negativamente la relación con el cliente.

La escucha activa no es solo una habilidad útil para los vendedores; es un imperativo absoluto en un mundo donde la atención y la confianza del cliente son recursos valiosos y escasos. Al dominar la escucha activa, los vendedores pueden mejorar significativamente su capacidad para comprender a sus clientes, adaptar sus mensajes y soluciones, establecer relaciones sólidas y duraderas, identificar oportunidades de venta adicionales y prevenir malentendidos y errores en la comunicación.

Técnicas para mejorar la escucha activa

Mejorar la escucha activa en ventas es crucial para comprender las necesidades y deseos del cliente, lo que a su vez te permite ofrecer soluciones más efectivas. Aquí tienes algunas técnicas que pueden ayudarte:

Practica la atención plena: Mantén tu atención plenamente enfocada en lo que el cliente está diciendo en lugar de dejar que tu mente divague o esté preocupada por lo que dirás a continuación.

Haz preguntas abiertas: Utiliza preguntas abiertas para invitar al cliente a expresar sus pensamientos, sentimientos y necesidades. Esto te brinda información valiosa y demuestra tu interés genuino en comprender su situación.

Repite y parafrasea: Repite o parafrasea lo que el cliente ha dicho para confirmar tu comprensión y mostrar que estás escuchando activamente. Esto también brinda la oportunidad de corregir cualquier malentendido.

Escucha entre líneas: Presta atención a los matices en el tono de voz, el lenguaje corporal y las

Comunicación Efectiva: El Secreto del Éxito en Ventas

palabras utilizadas por el cliente para captar sus emociones y necesidades subyacentes.

Evita interrumpir: Permite que el cliente termine de hablar antes de responder. Interrumpir puede hacer que el cliente se sienta ignorado o frustrado.

Haz contacto visual: Mantén contacto visual con el cliente para mostrar tu atención y establecer una conexión más profunda.

Elimina distracciones: Asegúrate de estar en un entorno tranquilo y libre de distracciones para poder concentrarte completamente en la conversación.

Escucha con empatía: Trata de ponerte en el lugar del cliente y entender su situación desde su perspectiva. Esto te ayudará a ofrecer soluciones que sean verdaderamente relevantes y útiles para ellos.

Toma notas: Toma notas breves durante la conversación para recordar detalles importantes y demostrar que valoras lo que el cliente está diciendo.

Confirma entendimiento: Al finalizar la conversación, resume lo que has entendido y pregunta si hay algo más que el cliente quisiera agregar o aclarar.

Comunicación Efectiva: El Secreto del Éxito en Ventas

Al aplicar estas técnicas, podrás mejorar tu habilidad para escuchar activamente en el contexto de las ventas, lo que te permitirá establecer relaciones más sólidas con tus clientes y cerrar más ventas de manera efectiva.

La conexión entre la escucha activa y la satisfacción del cliente

La conexión entre la escucha activa y la satisfacción del cliente es fundamental en el mundo de las ventas y los negocios en general. La escucha activa implica más que simplemente oír lo que dicen los clientes; se trata de comprender profundamente sus necesidades, deseos y preocupaciones. Cuando los vendedores practican la escucha activa de manera efectiva, pueden ofrecer soluciones personalizadas que realmente resuelvan los problemas del cliente y satisfagan sus expectativas.

Cuando los clientes se sienten escuchados y comprendidos, están más inclinados a sentirse valorados y apreciados como individuos. Esto crea una conexión emocional entre el cliente y el vendedor, lo que a su vez fortalece la relación y fomenta la lealtad a largo plazo. Además, la escucha activa permite a los vendedores identificar oportunidades para superar las expectativas del cliente y ofrecer un servicio excepcional.

Comunicación Efectiva: El Secreto del Éxito en Ventas

La satisfacción del cliente es un componente clave del éxito empresarial. Los clientes satisfechos no solo son más propensos a volver a comprar, sino que también son más propensos a recomendar una empresa a amigos y familiares. Por lo tanto, al practicar la escucha activa y satisfacer las necesidades del cliente de manera efectiva, las empresas pueden aumentar la retención de clientes, mejorar la reputación de la marca y aumentar los ingresos a largo plazo.

La escucha activa y la satisfacción del cliente están intrínsecamente vinculadas. Al escuchar atentamente a los clientes y responder de manera adecuada a sus necesidades, las empresas pueden construir relaciones sólidas y duraderas que sean mutuamente beneficiosas para ambas partes.

Cómo adaptar las respuestas a partir de la información obtenida mediante la escucha activa.

No se trata simplemente de escuchar lo que dicen los clientes, sino de comprender profundamente sus necesidades, deseos y preocupaciones. Una vez que se ha dominado esta habilidad, surge la siguiente pregunta: ¿cómo se utiliza la información obtenida a través de la escucha activa para adaptar las respuestas de manera efectiva?

La clave está en analizar cuidadosamente la información recopilada durante la interacción con

Comunicación Efectiva: El Secreto del Éxito en Ventas

el cliente. Esto implica escuchar no solo las palabras que dicen, sino también prestar atención a su lenguaje corporal, tono de voz y cualquier otra señal no verbal que pueda ofrecer pistas sobre lo que realmente están buscando. Al comprender completamente las necesidades del cliente, los vendedores pueden personalizar sus respuestas de manera que resuenen con ellos a un nivel más profundo.

La personalización es fundamental en este proceso. Significa adaptar la respuesta de manera que se ajuste específicamente a las necesidades y deseos del cliente. Esto puede implicar ofrecer soluciones específicas que aborden sus preocupaciones particulares, recomendar productos o servicios que se ajusten a sus preferencias, o incluso ajustar el tono y el enfoque de la respuesta para que se alinee mejor con su estilo de comunicación.

Además, es importante hacer preguntas clarificadoras para asegurarse de entender completamente las necesidades del cliente antes de ofrecer una respuesta. Esto ayuda a evitar malentendidos y garantiza que la solución propuesta sea verdaderamente satisfactoria para el cliente.

La creatividad también desempeña un papel importante en este proceso. A veces, ofrecer una solución efectiva requiere pensar fuera de la caja y encontrar formas innovadoras de abordar los

Comunicación Efectiva: El Secreto del Éxito en Ventas

problemas del cliente. Esto puede implicar combinar productos o servicios de manera única para satisfacer sus necesidades específicas de una manera que no habían considerado anteriormente.

Es crucial confirmar la comprensión con el cliente después de ofrecer una respuesta. Esto garantiza que estén satisfechos con la solución propuesta y que no haya malentendidos que puedan surgir más adelante.

Adaptar las respuestas a partir de la información obtenida mediante la escucha activa es fundamental para construir relaciones sólidas y duraderas con los clientes. Al comprender completamente sus necesidades y ofrecer soluciones personalizadas que aborden sus preocupaciones específicas, los vendedores pueden mejorar significativamente su capacidad para cerrar ventas y fomentar la lealtad del cliente a largo plazo.

Comunicación Efectiva: El Secreto del Éxito en Ventas

Capítulo 2
Lenguaje corporal

Las señales no verbales son elementos fundamentales en la interacción entre vendedores y compradores, ya que pueden influir significativamente en la percepción y la calidad de la comunicación. Estas señales, que incluyen el lenguaje corporal, expresiones faciales, gestos y tono de voz, pueden transmitir una gran cantidad de información que complementa y enriquece el mensaje verbal.

En el contexto de las ventas, las señales no verbales efectivas pueden ser clave para establecer una conexión sólida y positiva con los clientes. Por ejemplo, mantener un contacto visual adecuado con el cliente durante la conversación transmite confianza, interés y atención, lo que contribuye a una sensación de conexión y rapport. Además, adoptar una postura abierta y receptiva sugiere disposición para escuchar y colaborar, lo que facilita una comunicación más fluida y efectiva.

Las expresiones faciales también desempeñan un papel crucial en la comunicación no verbal. Una sonrisa genuina puede transmitir simpatía, amabilidad y cordialidad, lo que ayuda a crear un ambiente positivo y acogedor para la interacción. Del mismo modo, estar atento a las expresiones faciales del cliente puede proporcionar al vendedor

Comunicación Efectiva: El Secreto del Éxito en Ventas

información valiosa sobre su estado emocional y nivel de interés, permitiéndole ajustar su enfoque de comunicación según sea necesario.

Los gestos también pueden ser poderosos facilitadores de la comunicación efectiva en las ventas. Por ejemplo, utilizar gestos afirmativos, como asentir con la cabeza o hacer gestos de acuerdo, puede demostrar empatía y comprensión, así como fomentar una sensación de conexión y entendimiento mutuo. Por otro lado, evitar gestos que puedan interpretarse como confrontativos o dominantes, como cruzar los brazos o señalar con el dedo, es igualmente importante para mantener una atmósfera de respeto y colaboración.

El tono de voz es otro aspecto clave de la comunicación no verbal que puede influir en la percepción del mensaje por parte del cliente. Un tono de voz cálido, tranquilo y seguro transmite confianza y profesionalismo, mientras que un tono de voz agitado o tenso puede generar ansiedad o incomodidad en cl cliente. Por lo tanto, los vendedores deben ser conscientes de cómo su tono de voz puede afectar la experiencia del cliente y esforzarse por mantener un tono apropiado y congruente con el mensaje que están transmitiendo.

Las señales no verbales efectivas desempeñan un papel crucial en la interacción entre

Comunicación Efectiva: El Secreto del Éxito en Ventas

vendedores y compradores en el contexto de las ventas. Al prestar atención a su propio lenguaje corporal, expresiones faciales, gestos y tono de voz, los vendedores pueden mejorar significativamente su capacidad para establecer conexiones sólidas, transmitir confianza y empatía, y cerrar ventas de manera más efectiva.

Cómo interpretar y responder al lenguaje corporal del cliente.

Interpretar y responder al lenguaje corporal del cliente durante una interacción de ventas es un aspecto fundamental para los vendedores que desean maximizar su efectividad y cerrar ventas con éxito. El lenguaje corporal del cliente proporciona pistas valiosas sobre sus pensamientos, emociones y nivel de interés, lo que permite al vendedor adaptar su enfoque de comunicación para satisfacer las necesidades individuales del cliente de manera más efectiva.

Para interpretar el lenguaje corporal del cliente de manera precisa y relevante, es importante prestar atención a una variedad de señales no verbales, que incluyen gestos, expresiones faciales, posturas y movimientos. Por ejemplo, un cliente que inclina ligeramente la cabeza hacia un lado mientras escucha al vendedor puede estar expresando interés y atención, mientras que un cliente que cruza los brazos sobre el pecho puede estar mostrando señales de reserva o desconfianza.

Además de observar las señales no verbales del cliente, también es crucial tener en cuenta el contexto de la situación y cualquier información adicional que pueda estar disponible. Por ejemplo, si un cliente está frunciendo el ceño mientras discute ciertos aspectos de un producto o servicio, podría indicar que tienen preocupaciones o preguntas específicas que necesitan ser abordadas. Del mismo modo, si un cliente está sonriendo y asintiendo con la cabeza mientras escucha al vendedor, podría indicar que están receptivos y abiertos a la oferta presentada.

Una vez que se ha interpretado el lenguaje corporal del cliente de manera adecuada, el siguiente paso es responder de manera apropiada y efectiva. Esto puede implicar ajustar el tono y el enfoque de la comunicación para adaptarse mejor a las necesidades y preferencias individuales del cliente, así como abordar cualquier preocupación o pregunta que hayan expresado a través de su lenguaje corporal.

Por ejemplo, si un cliente parece estar mostrando signos de nerviosismo o incomodidad, el vendedor puede optar por adoptar un tono más tranquilizador y empático para ayudar a calmar sus preocupaciones y establecer una conexión más

Comunicación Efectiva: El Secreto del Éxito en Ventas

sólida. Del mismo modo, si un cliente parece estar expresando interés y entusiasmo a través de su lenguaje corporal, el vendedor puede aprovechar esta oportunidad para profundizar en los beneficios y características del producto o servicio ofrecido.

Interpretar y responder al lenguaje corporal del cliente durante una interacción de ventas es crucial para el éxito del vendedor. Al prestar atención a las señales no verbales del cliente y responder de manera apropiada y efectiva, los vendedores pueden mejorar significativamente su capacidad para establecer conexiones sólidas, satisfacer las necesidades individuales del cliente y cerrar ventas con éxito.

Mejorar el propio lenguaje corporal es una práctica fundamental para los vendedores que desean maximizar su efectividad en las interacciones con los clientes. El lenguaje corporal puede influir significativamente en la percepción del vendedor, transmitir confianza, empatía y profesionalismo, y establecer una conexión sólida con los clientes. Aquí hay algunas prácticas específicas para mejorar el lenguaje corporal como vendedor:

Conciencia corporal: El primer paso para mejorar el lenguaje corporal es desarrollar una mayor conciencia de cómo se están comunicando físicamente. Esto implica prestar atención a la postura, gestos, expresiones faciales y movimiento general del cuerpo durante las interacciones con los clientes.

Práctica del contacto visual: Mantener un contacto visual adecuado con el cliente es crucial para establecer una conexión y transmitir confianza. Practica mantener contacto visual directo pero no intimidante durante las conversaciones, evitando mirar hacia abajo o desviarte demasiado.

Postura abierta y relajada: Adoptar una postura abierta y relajada transmite una sensación de receptividad y confianza. Mantén los hombros relajados, la espalda recta y los brazos sueltos a los lados o ligeramente abiertos, evitando cruzar los brazos sobre el pecho, lo cual puede transmitir una actitud defensiva.

Sonrisa genuina: Una sonrisa genuina puede hacer que el vendedor parezca más amable, accesible y cordial. Practica sonreír con los ojos y la boca de manera natural y sincera, evitando sonrisas forzadas o exageradas que puedan parecer poco auténticas.

Gestos afirmativos: Utiliza gestos afirmativos, como asentir con la cabeza o hacer gestos de acuerdo, para mostrar interés y comprensión durante la conversación. Estos gestos pueden ayudar a establecer una conexión más sólida con el cliente y a fomentar una sensación de entendimiento mutuo.

Respiración consciente: La respiración consciente puede ayudar a calmar los nervios y a mantener la calma durante las interacciones con los clientes. Practica respirar profundamente y de manera controlada para mantener la compostura y la confianza, especialmente en situaciones de alta presión.

Observación y ajuste: Observa cómo responden los clientes a tu lenguaje corporal y ajusta tu enfoque según sea necesario. Si notas que ciertos gestos o expresiones faciales parecen tener un efecto negativo en la comunicación, trabaja en modificarlos para mejorar la percepción del cliente.

En resumen, mejorar el propio lenguaje corporal como vendedor requiere práctica, conciencia y ajuste continuo. Al desarrollar una mayor conciencia corporal y practicar técnicas específicas, los vendedores pueden mejorar significativamente su capacidad para establecer conexiones sólidas, transmitir confianza y cerrar ventas con éxito.

Prácticas para mejorar el propio lenguaje corporal como vendedor

Mejorar el propio lenguaje corporal es una práctica fundamental para los vendedores que desean maximizar su efectividad en las interacciones con

Comunicación Efectiva: El Secreto del Éxito en Ventas

los clientes. El lenguaje corporal puede influir significativamente en la percepción del vendedor, transmitir confianza, empatía y profesionalismo, y establecer una conexión sólida con los clientes. Aquí hay algunas prácticas específicas para mejorar el lenguaje corporal como vendedor:

Conciencia corporal: El primer paso para mejorar el lenguaje corporal es desarrollar una mayor conciencia de cómo se están comunicando físicamente. Esto implica prestar atención a la postura, gestos, expresiones faciales y movimiento general del cuerpo durante las interacciones con los clientes.

Práctica del contacto visual: Mantener un contacto visual adecuado con el cliente es crucial para establecer una conexión y transmitir confianza. Practica mantener contacto visual directo pero no intimidante durante las conversaciones, evitando mirar hacia abajo o desviarte demasiado.

Postura abierta y relajada: Adoptar una postura abierta y relajada transmite una sensación de receptividad y confianza. Mantén los hombros relajados, la espalda recta y los brazos sueltos a los lados o ligeramente abiertos, evitando cruzar los brazos sobre el pecho, lo cual puede transmitir una actitud defensiva.

Comunicación Efectiva: El Secreto del Éxito en Ventas

Sonrisa genuina: Una sonrisa genuina puede hacer que el vendedor parezca más amable, accesible y cordial. Practica sonreír con los ojos y la boca de

manera natural y sincera, evitando sonrisas forzadas o exageradas que puedan parecer poco auténticas.

Gestos afirmativos: Utiliza gestos afirmativos, como asentir con la cabeza o hacer gestos de acuerdo, para mostrar interés y comprensión durante la conversación. Estos gestos pueden ayudar a establecer una conexión más sólida con el cliente y a fomentar una sensación de entendimiento mutuo.

Respiración consciente: La respiración consciente puede ayudar a calmar los nervios y a mantener la calma durante las interacciones con los clientes. Practica respirar profundamente y de manera controlada para mantener la compostura y la confianza, especialmente en situaciones de alta presión.

Observación y ajuste: Observa cómo responden los clientes a tu lenguaje corporal y ajusta tu enfoque según sea necesario. Si notas que ciertos gestos o expresiones faciales parecen tener un efecto negativo en la comunicación, trabaja en modificarlos para mejorar la percepción del cliente.

Comunicación Efectiva: El Secreto del Éxito en Ventas

Mejorar el propio lenguaje corporal como vendedor requiere práctica, conciencia y ajuste continuo. Al desarrollar una mayor conciencia corporal y practicar técnicas específicas, los vendedores pueden mejorar significativamente su capacidad para establecer conexiones sólidas, transmitir confianza y cerrar ventas con éxito.

Capítulo 3

Técnicas de persuasión

Los conceptos fundamentales de la persuasión en ventas son esenciales para que los vendedores puedan influir de manera efectiva en las decisiones de compra de los clientes y cerrar ventas con éxito. Estos conceptos se basan en principios psicológicos bien establecidos que han sido estudiados y aplicados en diversos contextos de ventas. Aquí hay una exploración detallada de algunos de estos conceptos clave:

Conocimiento del producto o servicio: Antes de intentar persuadir a un cliente, es fundamental que el vendedor tenga un profundo conocimiento del producto o servicio que está vendiendo. Esto incluye entender sus características, beneficios, ventajas competitivas y cómo se compara con otras opciones disponibles en el mercado. Cuanto más familiarizado esté el vendedor con lo que está vendiendo, más convincente será al presentar su oferta a los clientes.

Entendimiento del cliente: La persuasión efectiva en ventas también requiere un profundo entendimiento de los clientes y sus necesidades. Esto implica investigar y comprender sus deseos, preocupaciones, objetivos y desafíos específicos. Al adaptar su enfoque de ventas para abordar las necesidades individuales de cada cliente, los

Comunicación Efectiva: El Secreto del Éxito en Ventas

vendedores pueden aumentar significativamente su efectividad persuasiva.

Establecimiento de rapport: El rapport es la conexión emocional y la confianza mutua que se establece entre el vendedor y el cliente. Es fundamental para la persuasión efectiva en ventas, ya que los clientes son más propensos a aceptar las recomendaciones de alguien con quien se sienten cómodos y en quien confían. Los vendedores pueden establecer rapport mediante el uso de técnicas como el establecimiento de un contacto visual adecuado, la empatía y la escucha activa.

Prueba social: La prueba social es el principio psicológico que sugiere que las personas tienden a seguir el comportamiento de los demás cuando están indecisas o inseguras. En el contexto de las ventas, esto significa que los vendedores pueden influir en las decisiones de compra de los clientes al demostrar que otros han tomado la misma decisión y están satisfechos con ella. Esto puede lograrse mediante el uso de testimonios, reseñas de clientes, casos de éxito y referencias.

Escasez: El principio de escasez se basa en la idea de que los productos o servicios que son percibidos como escasos o difíciles de obtener tienden a ser más valorados por los clientes. Los vendedores pueden utilizar la escasez como una herramienta persuasiva al resaltar la exclusividad, la disponibilidad limitada o las ofertas por tiempo limitado de sus productos o servicios.

Autoridad: La autoridad se refiere al principio psicológico que sugiere que las personas tienden a obedecer y seguir las indicaciones de aquellos que son percibidos como figuras de autoridad o expertos en un tema en particular. Los vendedores pueden aumentar su persuasión al establecer su propia autoridad mediante la demostración de conocimientos, experiencia y credibilidad en su campo.

Reciprocidad: El principio de reciprocidad sugiere que las personas tienden a sentirse obligadas a devolver favores y actos de generosidad. En el contexto de las ventas, los vendedores pueden utilizar la reciprocidad al ofrecer algo de valor al cliente, como una muestra gratuita, un descuento especial o información útil, con la expectativa de que el cliente esté más inclinado a realizar una compra en retorno.

Los conceptos fundamentales de persuasión en ventas se basan en principios psicológicos que ayudan a los vendedores a influir en las decisiones de compra de los clientes de manera efectiva. Al comprender y aplicar estos conceptos, los vendedores pueden mejorar su capacidad para presentar sus productos o servicios de manera convincente, establecer conexiones sólidas con los clientes y cerrar ventas con éxito.

Estrategias persuasivas efectivas para diferentes tipos de clientes

Las estrategias persuasivas efectivas son fundamentales para los vendedores que desean influir en las decisiones de compra de diferentes tipos de clientes. Cada cliente tiene necesidades, deseos y preocupaciones únicas, por lo que es importante adaptar las estrategias persuasivas para abordar estas diferencias de manera efectiva. Aquí hay una exploración detallada de algunas estrategias persuasivas efectivas para diferentes tipos de clientes:

Clientes analíticos o racionales: Estos clientes se basan en datos, hechos y cifras para tomar decisiones de compra. Para persuadir a este tipo de cliente, los vendedores deben presentar argumentos lógicos y racionales que demuestren claramente los beneficios tangibles del producto o servicio. Esto puede incluir estadísticas, estudios de casos y pruebas de rendimiento que respalden la eficacia y fiabilidad del producto o servicio ofrecido.

Clientes emocionales o impulsivos: Estos clientes toman decisiones de compra basadas en sus emociones y sentimientos en lugar de en la lógica pura. Para persuadir a este tipo de cliente, los vendedores deben apelar a sus emociones y crear una conexión emocional con el producto o servicio. Esto puede implicar el uso de historias emocionales, testimonios de clientes satisfechos y experiencias de usuario positivas que resalten el impacto emocional positivo del producto o servicio en la vida del cliente.

Clientes escépticos o desconfiados: Estos clientes tienden a ser cautelosos y desconfiados ante las afirmaciones de los vendedores. Para persuadir a este tipo de cliente, los vendedores deben establecer credibilidad y generar confianza. Esto puede lograrse mediante el uso de pruebas sociales, como testimonios de clientes, reseñas en línea y referencias de confianza, así como demostraciones de producto y garantías sólidas que respalden la calidad y fiabilidad del producto o servicio ofrecido.

Clientes pragmáticos o orientados al valor: Estos clientes están principalmente preocupados por obtener el mejor valor por su dinero. Para persuadir a este tipo de cliente, los vendedores deben resaltar los beneficios y características del producto o servicio que ofrecen un valor excepcional en comparación con otras opciones disponibles en el mercado. Esto puede incluir descuentos, ofertas especiales, garantías extendidas y programas de fidelización que demuestren claramente el valor añadido que ofrece el producto o servicio.

Comunicación Efectiva: El Secreto del Éxito en Ventas

Clientes indecisos o vacilantes: Estos clientes pueden tener dificultades para tomar decisiones de compra debido a la indecisión o la falta de información. Para persuadir a este tipo de cliente, los vendedores deben proporcionar orientación y apoyo personalizado para ayudarles a tomar una decisión informada. Esto puede implicar ofrecer información adicional, responder preguntas y preocupaciones específicas, y ofrecer opciones claras y simples que faciliten el proceso de toma de decisiones.

Las estrategias persuasivas efectivas para diferentes tipos de clientes se basan en comprender las necesidades, deseos y preocupaciones únicas de cada cliente y adaptar el enfoque de ventas en consecuencia. Al utilizar estrategias persuasivas que apelen a las emociones, la lógica, la credibilidad y el valor, los vendedores pueden mejorar significativamente su capacidad para influir en las decisiones de compra de una variedad de clientes y cerrar ventas con éxito.

Ética en el uso de técnicas de persuasión

La ética en el uso de técnicas de persuasión es un pilar fundamental en el mundo de las ventas y el marketing. Se trata de un principio que guía las interacciones entre vendedores y clientes, asegurando que estas se lleven a cabo de manera transparente, honesta y respetuosa. En un contexto

Comunicación Efectiva: El Secreto del Éxito en Ventas

donde la persuasión es una herramienta vital para cerrar ventas y alcanzar objetivos comerciales, es crucial recordar que el fin no justifica los medios.

La transparencia y la honestidad son dos valores esenciales en la ética de la persuasión. Los vendedores deben proporcionar información completa y precisa sobre los productos o servicios que están ofreciendo, sin ocultar ningún detalle relevante que pueda influir en la decisión de compra del cliente. Esto implica ser transparente sobre las características, beneficios, limitaciones y posibles riesgos asociados con el producto o servicio en cuestión.

La ética en la persuasión también implica respetar la autonomía y la capacidad de decisión del cliente. Los vendedores no deben recurrir a tácticas manipulativas o coercitivas para influir en las decisiones de compra de los clientes. En lugar de ello, deben permitir que los clientes tomen decisiones informadas que estén alineadas con sus necesidades, deseos y valores individuales.

Otro aspecto importante de la ética en la persuasión es evitar la explotación de las vulnerabilidades o debilidades de los clientes con fines de lucro. Los vendedores deben ser conscientes del poder que tienen sobre los clientes y utilizarlo de manera responsable y ética. Esto implica abstenerse de aprovecharse de la falta de conocimiento, experiencia o capacidad de decisión de los clientes para promover productos o servicios que no sean verdaderamente beneficiosos para ellos.

Además, la ética en la persuasión también implica proteger el bienestar y el interés del cliente por encima de los objetivos de ventas personales. Los vendedores deben asegurarse de que los productos o servicios que están vendiendo realmente agreguen valor y satisfagan las necesidades del cliente, en lugar de simplemente buscar maximizar las ganancias a cualquier costo.

La ética en el uso de técnicas de persuasión es fundamental para construir relaciones sólidas y duraderas con los clientes, basadas en la confianza, el respeto y la transparencia. Al adherirse a principios éticos en todas sus interacciones con los clientes, los vendedores pueden contribuir a un entorno comercial más justo, honesto y respetuoso.

Integración de las técnicas de persuasión en el proceso de venta

La integración de las técnicas de persuasión en el proceso de venta es esencial para alcanzar el éxito en el mundo empresarial. Este proceso implica una combinación cuidadosa de estrategias persuasivas en cada etapa del proceso de venta, desde el primer contacto con el cliente hasta el cierre de la venta y el seguimiento posterior. Es un enfoque holístico

Comunicación Efectiva: El Secreto del Éxito en Ventas

que requiere comprensión, adaptación y habilidad para aplicar técnicas persuasivas de manera efectiva y ética.

Es crucial comprender que la persuasión no se limita a una sola técnica o momento en el proceso de venta. Más bien, es una serie de interacciones que se desarrollan a lo largo de todo el proceso, cada una diseñada para influir en la percepción y la toma de decisiones del cliente. Desde el establecimiento de rapport inicial hasta el cierre de la venta, cada interacción ofrece una oportunidad para aplicar técnicas persuasivas de manera estratégica.

El primer paso en la integración de técnicas de persuasión es establecer una conexión genuina con el cliente. Esto implica desarrollar rapport y confianza desde el principio, mostrando interés genuino en las necesidades y deseos del cliente. La empatía y la escucha activa son fundamentales en esta etapa, permitiendo al vendedor comprender mejor las motivaciones del cliente y adaptar su enfoque de persuasión en consecuencia.

Una vez establecida la conexión inicial, el vendedor debe centrarse en demostrar el valor y los beneficios del producto o servicio ofrecido. Esto implica resaltar cómo el producto o servicio puede satisfacer las necesidades específicas del cliente y proporcionar soluciones a sus problemas. Las demostraciones prácticas, los testimonios de

Comunicación Efectiva: El Secreto del Éxito en Ventas

clientes satisfechos y los estudios de casos son herramientas efectivas para respaldar estos argumentos persuasivos y convencer al cliente de la utilidad del producto o servicio.

A lo largo del proceso de venta, es probable que surjan objeciones por parte del cliente. Estas objeciones son oportunidades para aplicar técnicas persuasivas de manera efectiva y superar las barreras que podrían impedir la conclusión de la venta. El manejo hábil de objeciones implica validar las preocupaciones del cliente, ofrecer soluciones alternativas y presentar argumentos convincentes que disipen cualquier duda o incertidumbre.

El cierre de la venta requiere un enfoque suave pero persuasivo. Esto implica invitar al cliente a tomar una decisión de compra y proporcionar un impulso final para convertir la intención en acción. Técnicas de cierre efectivas, como la creación de un sentido de urgencia o la oferta de incentivos adicionales, pueden ayudar a cerrar la venta de manera exitosa y asegurar el compromiso del cliente.

La integración de técnicas de persuasión en el proceso de venta es un componente fundamental de cualquier estrategia comercial exitosa. Requiere

Comunicación Efectiva: El Secreto del Éxito en Ventas

comprensión, adaptación y habilidad para aplicar técnicas persuasivas de manera estratégica y ética en cada etapa del proceso. Al combinar una conexión genuina con el cliente, la demostración de valor y beneficios, el manejo hábil de objeciones y un cierre persuasivo, los vendedores pueden maximizar su efectividad y lograr resultados sobresalientes en el mundo empresarial.

Capítulo 4
Adaptabilidad comunicativa

La importancia de la adaptabilidad en la comunicación radica en la capacidad de ajustar el estilo, tono y contenido del mensaje según el contexto, la audiencia y los objetivos específicos de la interacción. Esta habilidad es esencial en diversos ámbitos, desde las relaciones interpersonales hasta el entorno empresarial, donde la efectividad de la comunicación puede determinar el éxito o el fracaso de una negociación, venta o proyecto.

La adaptabilidad en la comunicación permite establecer conexiones más sólidas con diferentes tipos de personas. Cada individuo tiene su propio estilo de comunicación, preferencias y necesidades, y ser capaz de adaptarse a estas diferencias facilita el establecimiento de rapport y la construcción de relaciones positivas. Por ejemplo, en el ámbito laboral, un líder que puede adaptar su estilo de comunicación según cl cquipo con el que esté interactuando es más probable que inspire confianza y obtenga colaboración efectiva.

Además, la adaptabilidad en la comunicación es fundamental para superar barreras lingüísticas, culturales y generacionales. En un mundo cada vez

Comunicación Efectiva: El Secreto del Éxito en Ventas

más diverso y globalizado, la capacidad de comunicarse de manera efectiva con personas de diferentes culturas, idiomas y generaciones se ha vuelto indispensable. Esto requiere flexibilidad para utilizar diferentes formas de expresión, adaptar el lenguaje y comprender las sutilezas culturales para evitar malentendidos y promover una comunicación más fluida y productiva.

En el entorno empresarial, la adaptabilidad en la comunicación es especialmente relevante, ya que puede influir en el éxito de las negociaciones, ventas y colaboraciones. Por ejemplo, un vendedor que puede adaptar su enfoque de ventas según las necesidades y preferencias del cliente tiene más probabilidades de cerrar acuerdos exitosos. Del mismo modo, un líder que puede adaptar su estilo de comunicación según el contexto y las necesidades de su equipo es más efectivo para motivar, inspirar y guiar a sus colaboradores hacia el logro de objetivos compartidos.

La adaptabilidad en la comunicación también es crucial en situaciones de crisis o cambio. En momentos de incertidumbre o conflicto, la capacidad de comunicarse de manera clara, empática y flexible puede ayudar a mantener la calma, gestionar la situación de manera efectiva y encontrar soluciones constructivas. Por ejemplo, durante la pandemia de COVID-19, las empresas que pudieron adaptar rápidamente su comunicación a las nuevas circunstancias lograron mantener la confianza de sus clientes y empleados y mitigar el impacto negativo en sus operaciones.

La adaptabilidad en la comunicación es una habilidad esencial en el mundo actual, donde la diversidad, la globalización y el cambio son constantes. Ser capaz de ajustar el estilo, tono y contenido del mensaje según el contexto, la audiencia y los objetivos específicos de la interacción facilita el establecimiento de conexiones sólidas, supera barreras lingüísticas y culturales, mejora la efectividad en el entorno empresarial y ayuda a gestionar situaciones de crisis o cambio de manera efectiva.

Identificación de estilos de comunicación y preferencias del cliente

La identificación de estilos de comunicación y preferencias del cliente es un aspecto crucial para establecer relaciones sólidas y efectivas. Comprender cómo se comunican los clientes y qué tipo de mensajes prefieren recibir permite a los vendedores adaptar su enfoque de manera más precisa, aumentando así las posibilidades de satisfacer las necesidades del cliente y cerrar acuerdos exitosos.

Comunicación Efectiva: El Secreto del Éxito en Ventas

Es importante reconocer que cada cliente tiene su propio estilo de comunicación único y preferencias específicas en cuanto a cómo desea interactuar.

Algunos clientes pueden preferir una comunicación directa y concisa, mientras que otros pueden valorar más las conversaciones más informales y personales. Identificar estos estilos de comunicación individuales requiere observación cuidadosa, escucha activa y sensibilidad para detectar las señales verbales y no verbales que indican las preferencias del cliente.

Una vez identificados los estilos de comunicación del cliente, es importante adaptar el enfoque de comunicación para satisfacer estas preferencias.

Por ejemplo, si un cliente prefiere una comunicación más directa y eficiente, es importante evitar el uso de un lenguaje excesivamente elaborado o detalles innecesarios en la información proporcionada. En cambio, se puede optar por mensajes claros, concisos y orientados a los resultados que resalten los beneficios del producto o servicio ofrecido.

Además de adaptar el estilo de comunicación, también es importante tener en cuenta las preferencias del cliente en cuanto a los canales de comunicación utilizados. Algunos clientes pueden preferir el contacto cara a cara o por teléfono,

Comunicación Efectiva: El Secreto del Éxito en Ventas

mientras que otros pueden estar más cómodos con el correo electrónico, mensajes de texto o redes sociales. Identificar y respetar estas preferencias ayuda a garantizar que la comunicación sea efectiva y bien recibida por el cliente.

Otro aspecto importante en la identificación de estilos de comunicación y preferencias del cliente es entender cómo prefieren recibir y procesar la información. Algunos clientes pueden ser más visuales y responder mejor a gráficos, imágenes y demostraciones visuales, mientras que otros pueden preferir información escrita detallada o explicaciones verbales. Adaptar el formato y el contenido de la comunicación según estas preferencias aumenta la probabilidad de que el mensaje sea entendido y valorado por el cliente.

La identificación de estilos de comunicación y preferencias del cliente es fundamental para establecer relaciones sólidas y efectivas en el ámbito empresarial. Reconocer cómo se comunican los clientes y qué tipo de mensajes prefieren recibir permite a los vendedores adaptar su enfoque de manera más precisa, aumentando así las posibilidades de satisfacer las necesidades del cliente y cerrar acuerdos exitosos. Esto requiere observación cuidadosa, escucha activa y sensibilidad para detectar las señales verbales y no verbales que indican las preferencias del cliente, así como la capacidad de adaptar el estilo, el contenido y el formato de la comunicación según estas preferencias.

Estrategias para adaptar el estilo de comunicación según el cliente y la situación

Adaptar el estilo de comunicación según el cliente y la situación es una habilidad fundamental para los profesionales en cualquier ámbito, especialmente en ventas y relaciones comerciales. Esta capacidad no solo implica ajustar el tono y el contenido del mensaje, sino también comprender las necesidades, preferencias y características individuales de cada cliente y situación específica.

Una estrategia clave para adaptar el estilo de comunicación es realizar una investigación previa sobre el cliente. Antes de cualquier interacción, es importante recopilar información sobre el cliente, incluyendo su historial de compras, preferencias comunicativas, intereses y necesidades específicas. Esto proporciona una base sólida para personalizar el enfoque de comunicación y garantizar que el mensaje sea relevante y significativo para el cliente.

Una vez recopilada la información sobre el cliente, es importante adaptar el estilo de comunicación según sus preferencias individuales. Algunos clientes pueden preferir una comunicación directa y concisa, mientras que otros pueden valorar más las conversaciones informales y personales. Adaptar el tono y el estilo del mensaje según estas preferencias ayuda a establecer una conexión más sólida y a construir una relación de confianza con el cliente.

Además de adaptar el estilo de comunicación según las preferencias del cliente, también es importante tener en cuenta la situación específica en la que se encuentra. Por ejemplo, en una negociación comercial, es importante utilizar un enfoque más persuasivo y orientado a la venta, destacando los beneficios del producto o servicio ofrecido y resaltando su valor para el cliente. En cambio, en una situación de servicio al cliente, puede ser más apropiado utilizar un enfoque más empático y orientado a la resolución de problemas, mostrando comprensión y empatía hacia las preocupaciones del cliente.

Otra estrategia importante para adaptar el estilo de comunicación es utilizar diferentes canales de comunicación según la situación y las preferencias del cliente. Algunos clientes pueden preferir el contacto cara a cara o por teléfono, mientras que otros pueden estar más cómodos con el correo electrónico, mensajes de texto o redes sociales. Utilizar el canal de comunicación adecuado ayuda a garantizar que el mensaje llegue de manera efectiva y sea bien recibido por el cliente.

Comunicación Efectiva: El Secreto del Éxito en Ventas

Adaptar el estilo de comunicación según el cliente y la situación es esencial para establecer relaciones sólidas y efectivas en el ámbito empresarial. Esto implica realizar una investigación previa sobre el cliente, adaptar el tono y el estilo del mensaje según sus preferencias individuales, tener en cuenta la situación específica en la que se encuentra y utilizar diferentes canales de comunicación según sea necesario.

Al aplicar estas estrategias de manera efectiva, los profesionales pueden mejorar la calidad de sus interacciones con los clientes y aumentar las posibilidades de éxito en sus relaciones comerciales.

Ejemplos de casos prácticos de adaptabilidad comunicativa en ventas

La adaptabilidad comunicativa en ventas es una habilidad crucial que permite a los vendedores ajustar su estilo de comunicación según las necesidades y preferencias de cada cliente. A continuación, proporcionaré ejemplos concretos de casos prácticos que ilustran cómo la adaptabilidad comunicativa puede marcar la diferencia en el proceso de ventas:

Cliente con preferencias de comunicación visual: Imagina que un vendedor está presentando un nuevo producto a un cliente que es un aprendiz

Comunicación Efectiva: El Secreto del Éxito en Ventas

visual. En lugar de centrarse únicamente en la descripción verbal del producto, el vendedor utiliza presentaciones visuales, gráficos y demostraciones en vivo para mostrar cómo funciona el producto en acción. Esto permite al cliente visualizar fácilmente los beneficios del producto y comprender su valor de manera más clara y concreta.

Cliente que prefiere la comunicación directa: Otro ejemplo podría ser un cliente que valora la comunicación directa y concisa. En este caso, el vendedor adapta su estilo de comunicación utilizando un enfoque más directo y orientado a los hechos. Proporciona información clara y relevante sobre el producto, destacando sus características clave y beneficios principales de manera sucinta y sin rodeos. Esto demuestra al cliente que el vendedor respeta su preferencia por la comunicación directa y facilita una interacción más eficiente y efectiva.

Cliente que requiere un enfoque más empático: En algunos casos, un cliente puede enfrentar desafíos o preocupaciones que requieren un enfoque más empático por parte del vendedor. Por ejemplo, si un cliente expresa preocupaciones sobre la implementación de un nuevo sistema, el vendedor puede adaptar su estilo de comunicación mostrando comprensión y empatía hacia las preocupaciones del cliente. En lugar de simplemente ofrecer soluciones técnicas, el vendedor se toma el tiempo

Comunicación Efectiva: El Secreto del Éxito en Ventas

para escuchar activamente las preocupaciones del cliente, validar sus sentimientos y trabajar juntos para encontrar soluciones que satisfagan sus necesidades específicas.

Adaptación al contexto cultural: En un contexto multicultural, la adaptabilidad comunicativa también juega un papel fundamental. Por ejemplo, si un vendedor está negociando con un cliente de una cultura diferente, es importante adaptar el estilo de comunicación para evitar malentendidos y construir una relación de confianza. Esto puede implicar ajustar el tono, el lenguaje y las formas de expresión para que sean más apropiados y respetuosos según las normas culturales del cliente.

En cada uno de estos casos prácticos, la adaptabilidad comunicativa permite al vendedor ajustar su enfoque de manera efectiva para satisfacer las necesidades y preferencias específicas de cada cliente. Al reconocer y responder de manera flexible a las diferentes formas de comunicación de los clientes, los vendedores pueden mejorar la calidad de sus interacciones, fortalecer las relaciones con los clientes y aumentar las posibilidades de éxito en el proceso de ventas.

Capítulo 5

Manejo de objeciones

Entender las objeciones como oportunidades es un enfoque fundamental en el proceso de ventas que permite a los vendedores convertir las preocupaciones y dudas de los clientes en oportunidades para fortalecer la relación y cerrar la venta de manera efectiva. En lugar de ver las objeciones como obstáculos, los vendedores pueden utilizarlas como puntos de partida para profundizar la comprensión del cliente, abordar sus preocupaciones y demostrar el valor del producto o servicio ofrecido.

Una estrategia clave para entender las objeciones como oportunidades es escuchar activamente las preocupaciones del cliente y validar sus puntos de vista. En lugar de ignorar o minimizar las objeciones, los vendedores deben tomarse el tiempo para comprender completamente las preocupaciones del cliente y mostrar empatía hacia sus necesidades y perspectivas. Esto ayuda a construir confianza y establecer una relación de colaboración con el cliente, sentando las bases para una resolución constructiva de las objeciones.

Una vez que se han identificado las objeciones, es importante abordarlas de manera proactiva y constructiva. En lugar de tratar de refutar las

Comunicación Efectiva: El Secreto del Éxito en Ventas

objeciones o convencer al cliente de que están equivocados, los vendedores pueden utilizarlas como oportunidades para proporcionar información adicional, aclarar malentendidos y ofrecer soluciones alternativas que aborden las preocupaciones del cliente. Esto puede implicar compartir casos de éxito, testimonios de clientes satisfechos o demostraciones prácticas que demuestren la efectividad del producto o servicio ofrecido.

Además, entender las objeciones como oportunidades también implica verlas como una oportunidad para aprender y mejorar. Cada objeción proporciona información valiosa sobre las necesidades, preocupaciones y preferencias del cliente, lo que permite a los vendedores ajustar su enfoque de ventas y ofrecer soluciones más personalizadas en el futuro. Al adoptar una mentalidad de mejora continua, los vendedores pueden convertir las objeciones en oportunidades para fortalecer sus habilidades de ventas y aumentar su éxito en el proceso de ventas.

Entender las objeciones como oportunidades es esencial para el éxito en el proceso de ventas. Al escuchar activamente las preocupaciones del cliente, abordarlas de manera proactiva y constructiva, y verlas como oportunidades para aprender y mejorar, los vendedores pueden convertir las objeciones en puntos de partida para fortalecer la relación con el cliente, demostrar el valor del producto o servicio ofrecido y cerrar la venta de manera efectiva. Al adoptar este enfoque, los vendedores pueden aumentar su éxito en el proceso de ventas y construir relaciones sólidas y duraderas con los clientes.

La importancia de la empatía en el manejo de objeciones

La empatía juega un papel crucial en el manejo de objeciones en el proceso de ventas, ya que permite a los vendedores comprender y responder de manera efectiva a las preocupaciones y dudas de los clientes. En lugar de simplemente tratar de superar las objeciones, los vendedores empáticos se ponen en el lugar del cliente, reconocen sus preocupaciones y trabajan para encontrar soluciones que satisfagan sus necesidades y deseos.

Una de las razones por las que la empatía es tan importante en el manejo de objeciones es porque ayuda a construir confianza y establecer una relación de colaboración con el cliente. Cuando los clientes sienten que el vendedor realmente se preocupa por sus preocupaciones y está dispuesto a escuchar sus puntos de vista, están más dispuestos a abrirse y compartir información adicional que pueda ayudar a abordar las objeciones de manera efectiva. Esto crea un ambiente de confianza mutua

Comunicación Efectiva: El Secreto del Éxito en Ventas

que facilita la resolución constructiva de las objeciones.

La empatía en el manejo de objeciones también ayuda a reducir la resistencia del cliente y a mitigar cualquier conflicto potencial. Cuando los clientes sienten que sus preocupaciones son comprendidas y tomadas en serio, están menos inclinados a adoptar una postura defensiva o confrontacional. En cambio, están más dispuestos a participar en una conversación abierta y colaborativa sobre cómo abordar sus objeciones de manera constructiva.

Otro beneficio de la empatía en el manejo de objeciones es que ayuda a los vendedores a identificar las preocupaciones subyacentes del cliente y abordarlas de manera efectiva. A menudo, las objeciones superficiales pueden ser indicadores de preocupaciones más profundas o necesidades no satisfechas que el cliente puede no expresar directamente. Al ser empáticos y sensibles a las señales no verbales del cliente, los vendedores pueden profundizar en la raíz del problema y ofrecer soluciones que aborden las preocupaciones subyacentes del cliente de manera más efectiva.

La empatía desempeña un papel fundamental en el manejo de objeciones en el proceso de ventas. Al ponerse en el lugar del cliente, reconocer sus preocupaciones y trabajar para encontrar soluciones que satisfagan sus necesidades y deseos, los vendedores pueden construir confianza, reducir la resistencia y abordar las preocupaciones subyacentes del cliente de manera efectiva. Esto no solo facilita la resolución de objeciones, sino que también fortalece la relación con el cliente y aumenta las posibilidades de cerrar la venta con éxito.

Cómo convertir objeciones en puntos de venta

Convertir objeciones en puntos de venta es una habilidad esencial en el proceso de ventas que permite a los vendedores abordar las preocupaciones y dudas de los clientes de manera efectiva, transformando así las objeciones en oportunidades para fortalecer la relación con el cliente y cerrar la venta con éxito. Para lograr esto, los vendedores pueden emplear una variedad de estrategias y técnicas que les permitan abordar las objeciones de manera proactiva y constructiva, convirtiendo así las preocupaciones del cliente en argumentos a favor del producto o servicio ofrecido.

Una estrategia clave para convertir objeciones en puntos de venta es escuchar activamente las preocupaciones del cliente y validar sus puntos de vista. En lugar de ignorar o minimizar las objeciones, los vendedores deben tomarse el

Comunicación Efectiva: El Secreto del Éxito en Ventas

tiempo para comprender completamente las preocupaciones del cliente y mostrar empatía hacia sus necesidades y perspectivas. Esto ayuda a construir confianza y establecer una relación de colaboración con el cliente, sentando las bases para una resolución constructiva de las objeciones.

Una vez que se han identificado las objeciones, los vendedores pueden utilizarlas como puntos de partida para proporcionar información adicional, aclarar malentendidos y ofrecer soluciones alternativas que aborden las preocupaciones del cliente. Por ejemplo, si un cliente expresa preocupaciones sobre el precio de un producto, el vendedor puede destacar el valor agregado y los beneficios que ofrece el producto, justificando así su costo y convirtiendo la objeción sobre el precio en un argumento a favor de la inversión.

Además, los vendedores pueden utilizar casos de éxito, testimonios de clientes satisfechos o demostraciones prácticas para demostrar la efectividad y el valor del producto o servicio ofrecido. Estas pruebas sociales ayudan a respaldar los argumentos del vendedor y a disipar las dudas del cliente, convirtiendo así las objeciones en puntos de venta que refuerzan la decisión de compra.

Otra estrategia efectiva para convertir objeciones en puntos de venta es utilizar el principio de

Comunicación Efectiva: El Secreto del Éxito en Ventas

reciprocidad. Al ofrecer algo de valor adicional al cliente, como un descuento especial o un servicio complementario, los vendedores pueden crear un sentido de obligación y gratitud en el cliente, aumentando así la probabilidad de que estén dispuestos a comprometerse con la compra.

Convertir objeciones en puntos de venta es una habilidad esencial en el proceso de ventas que permite a los vendedores abordar las preocupaciones del cliente de manera efectiva y transformarlas en oportunidades para fortalecer la relación y cerrar la venta con éxito.

Al escuchar activamente las preocupaciones del cliente, proporcionar información adicional, utilizar pruebas sociales y aplicar el principio de reciprocidad, los vendedores pueden convertir las objeciones en puntos de venta que refuerzan la decisión de compra y aumentan las posibilidades de éxito en el proceso de ventas.

Capítulo 6
Cierre de ventas

El arte del cierre de ventas es una habilidad fundamental en el proceso de ventas que implica guiar al cliente hacia la toma de decisión de compra de manera natural y efectiva. A diferencia de lo que a menudo se percibe como una simple formalidad al final de la presentación de ventas, el cierre de ventas es en realidad un proceso estratégico que requiere comprensión del cliente, habilidades de comunicación persuasiva y capacidad para manejar objeciones de manera efectiva.

Una estrategia clave en el arte del cierre de ventas es conocer el momento adecuado para cerrar la venta. Esto implica leer las señales del cliente y determinar cuándo están listos para tomar la decisión de compra. Algunas señales de compra pueden incluir preguntas específicas sobre el producto o servicio, expresiones de interés genuino o indicadores de compromiso, como el contacto visual y el lenguaje corporal receptivo. Reconocer estas señales y actuar en consecuencia es crucial para cerrar la venta en el momento óptimo.

Una vez que se identifica el momento adecuado, es importante utilizar técnicas de cierre de ventas efectivas para guiar al cliente hacia la decisión de compra. Esto puede implicar utilizar un ensayo de cierre, donde se presenta al cliente una opción

Comunicación Efectiva: El Secreto del Éxito en Ventas

concreta para tomar acción, o una alternativa limitada, donde se ofrece al cliente una elección entre dos opciones, ambas favorables para el vendedor. Otra técnica común es el cierre suave, que consiste en hacer preguntas que impliquen la asunción de que el cliente ya ha tomado la decisión de compra, como "¿Preferiría pagar con tarjeta de crédito o débito?".

Es importante tener en cuenta que el cierre de ventas no se trata simplemente de presionar al cliente para que compre, sino de crear un sentido de urgencia y necesidad que los motive a tomar acción. Esto puede implicar resaltar los beneficios del producto o servicio ofrecido, destacar la escasez o la exclusividad de la oferta, o ofrecer incentivos especiales, como descuentos o bonificaciones por tiempo limitado. Al hacerlo, los vendedores pueden crear un impulso que lleve al cliente a tomar la decisión de compra de manera más rápida y efectiva.

Es importante estar preparado para manejar objeciones de manera efectiva durante el proceso de cierre de ventas. Si el cliente plantea preocupaciones o dudas, es importante abordarlas de manera proactiva y constructiva, ofreciendo información adicional, aclarando malentendidos y proporcionando soluciones alternativas que satisfagan las necesidades del cliente. Al hacerlo, los vendedores pueden superar las objeciones y allanar el camino para cerrar la venta con éxito.

El arte del cierre de ventas es una habilidad fundamental en el proceso de ventas que implica conocer el momento adecuado para cerrar la venta, utilizar técnicas de cierre efectivas y estar preparado para manejar objeciones de manera efectiva. Al dominar estas habilidades, los vendedores pueden aumentar las posibilidades de cerrar la venta con éxito y alcanzar sus objetivos de ventas de manera más consistente y efectiva.

Técnicas efectivas de cierre de ventas

Las técnicas efectivas de cierre de ventas son herramientas fundamentales que los vendedores utilizan para guiar a los clientes hacia la toma de decisión de compra de manera exitosa y persuasiva. Estas técnicas están diseñadas para crear un sentido de urgencia y necesidad en el cliente, motivándolos a tomar acción y cerrar la venta. A continuación, exploraré algunas de las técnicas más efectivas de cierre de ventas y cómo se aplican en el proceso de ventas:

Ensayo de cierre: Esta técnica implica presentar al cliente una opción concreta para tomar acción, como "¿Le gustaría proceder con la compra hoy?" o "¿Puedo reservar este producto para usted?". Al presentar una opción clara y específica, los vendedores pueden invitar al cliente a tomar una decisión de compra de manera directa y sin presiones excesivas.

Alternativa limitada: Con esta técnica, el vendedor ofrece al cliente una elección entre dos opciones, ambas favorables para el vendedor. Por ejemplo, "¿Prefiere la opción A o la opción B?" o "¿Le gustaría pagar con efectivo o con tarjeta de crédito?". Al proporcionar al cliente una sensación de control y autonomía, esta técnica puede ayudar a cerrar la venta de manera más efectiva.

Cierre suave: Esta técnica implica hacer preguntas que impliquen la asunción de que el cliente ya ha tomado la decisión de compra, como "¿A qué dirección deberíamos enviar su pedido?" o "¿Cuándo le gustaría que se entregara el producto?". Al presuponer la venta de manera sutil y amigable, los vendedores pueden fomentar una respuesta positiva por parte del cliente y cerrar la venta de manera natural.

Cierre por tiempo limitado: Esta técnica implica crear un sentido de urgencia alrededor de la oferta, destacando la escasez o la exclusividad del producto o servicio ofrecido. Por ejemplo, "Esta oferta solo es válida hasta el final del día" o "Solo quedan tres unidades disponibles". Al crear un sentido de urgencia, los vendedores pueden motivar al cliente a tomar acción de manera más rápida y decisiva.

Cierre por resumen de beneficios: En esta técnica, el vendedor resume los principales beneficios y características del producto o servicio ofrecido, destacando cómo puede satisfacer las necesidades y deseos del cliente de manera efectiva. Al resaltar el valor del producto o servicio, los vendedores pueden ayudar al cliente a visualizar los beneficios de la compra y cerrar la venta de manera más convincente.

Es importante tener en cuenta que no existe una técnica de cierre de ventas única que sea efectiva en todas las situaciones. En cambio, los vendedores deben adaptar su enfoque de cierre según las necesidades y preferencias del cliente, así como el contexto específico de la venta. Al dominar una variedad de técnicas de cierre de ventas y aplicarlas de manera estratégica, los vendedores pueden aumentar las posibilidades de cerrar la venta con éxito y alcanzar sus objetivos de ventas de manera más consistente y efectiva.

Estrategias para identificar el momento adecuado para cerrar la venta

Identificar el momento adecuado para cerrar la venta es una habilidad crucial en el proceso de

Comunicación Efectiva: El Secreto del Éxito en Ventas

ventas que requiere sensibilidad, comprensión del cliente y capacidad para leer las señales de compra. Las estrategias para identificar este momento varían según el contexto de la venta y las necesidades específicas del cliente, pero hay algunas técnicas y enfoques comunes que los vendedores pueden emplear para determinar cuándo es el momento óptimo para cerrar la venta:

Escuchar las señales de compra: Una de las estrategias más efectivas para identificar el momento adecuado para cerrar la venta es prestar atención a las señales de compra que el cliente pueda dar durante la interacción. Estas señales pueden incluir preguntas específicas sobre el producto o servicio, expresiones de interés genuino o indicadores de compromiso, como el contacto visual y el lenguaje corporal receptivo. Reconocer estas señales y actuar en consecuencia es crucial para cerrar la venta en el momento óptimo.

Hacer preguntas de cierre: Otra estrategia para identificar el momento adecuado para cerrar la venta es hacer preguntas de cierre al cliente para evaluar su disposición para tomar la decisión de compra. Estas preguntas pueden incluir, por ejemplo, "¿Hay alguna otra información que necesite antes de tomar una decisión?" o "¿Le gustaría proceder con la compra hoy?". Al hacer estas preguntas, los vendedores pueden evaluar el

Comunicación Efectiva: El Secreto del Éxito en Ventas

nivel de interés y compromiso del cliente y determinar si es el momento adecuado para cerrar la venta.

Evaluar la disposición del cliente: Es importante evaluar la disposición del cliente para cerrar la venta antes de intentar cerrarla. Esto puede implicar hacer preguntas abiertas para explorar sus necesidades y preocupaciones, así como prestar atención a su lenguaje corporal y expresiones faciales para detectar signos de interés o dudas. Si el cliente muestra un alto nivel de interés y compromiso, es probable que esté listo para cerrar la venta. Sin embargo, si muestra dudas o indecisión, puede ser necesario proporcionar más información o abordar sus preocupaciones antes de cerrar la venta.

Crear un sentido de urgencia: A veces, crear un sentido de urgencia puede ayudar a identificar el momento adecuado para cerrar la venta. Esto puede implicar destacar la escasez o la exclusividad del producto o servicio ofrecido, o ofrecer incentivos especiales por tiempo limitado para motivar al cliente a tomar acción de manera rápida y decisiva. Al crear un sentido de urgencia, los vendedores pueden identificar el momento adecuado para cerrar la venta y aumentar las posibilidades de éxito en el proceso de ventas.

Comunicación Efectiva: El Secreto del Éxito en Ventas

Identificar el momento adecuado para cerrar la venta requiere sensibilidad, comprensión del cliente y capacidad para leer las señales de compra. Al prestar atención a las señales de compra, hacer preguntas de cierre, evaluar la disposición del cliente y crear un sentido de urgencia, los vendedores pueden identificar el momento óptimo para cerrar la venta y aumentar las posibilidades de éxito en el proceso de ventas.

Superando el miedo al rechazo en el proceso de cierre

Superar el miedo al rechazo en el proceso de cierre es esencial para los vendedores, ya que este temor puede afectar su confianza y desempeño en el proceso de ventas. El rechazo es una parte inevitable del trabajo de ventas, y aprender a manejarlo de manera efectiva es clave para el éxito a largo plazo en esta profesión.

Una de las formas de superar el miedo al rechazo es cambiar la perspectiva sobre lo que significa ser rechazado. En lugar de verlo como un fracaso personal, los vendedores pueden entenderlo como parte del proceso y como una oportunidad para aprender y mejorar. Es importante recordar que el rechazo no siempre tiene que ver con el desempeño del vendedor, sino que puede ser el resultado de diversos factores, como las necesidades del cliente o la competencia en el mercado.

Comunicación Efectiva: El Secreto del Éxito en Ventas

Otra estrategia importante es centrarse en el valor que se ofrece al cliente. Cuando los vendedores creen en el valor de lo que están vendiendo y comprenden cómo puede beneficiar al cliente, están más seguros al presentarlo y menos afectados por el miedo al rechazo. Al enfocarse en comunicar de manera efectiva los beneficios y el valor de los productos o servicios que ofrecen, los vendedores pueden aumentar su confianza y mejorar su capacidad para cerrar ventas.

Es importante practicar la resiliencia frente al rechazo. La resiliencia es la capacidad de recuperarse rápidamente de los contratiempos y adaptarse a las circunstancias cambiantes. Los vendedores pueden desarrollar resiliencia al adoptar una mentalidad positiva y optimista, establecer metas realistas y ser flexibles en su enfoque. Al ver el rechazo como una oportunidad para aprender y crecer, en lugar de como un obstáculo insuperable, los vendedores pueden convertir las experiencias negativas en oportunidades para mejorar y fortalecer su capacidad para cerrar ventas.

Por último, es importante estar preparado para el rechazo y tener un plan de acción en su lugar. Los vendedores pueden anticipar posibles objeciones y desarrollar respuestas efectivas para abordarlas de manera proactiva. Además, establecer expectativas realistas y entender que el rechazo es parte del

Comunicación Efectiva: El Secreto del Éxito en Ventas

trabajo de ventas puede ayudar a los vendedores a manejarlo de manera más efectiva y seguir adelante con confianza.

Superar el miedo al rechazo en el proceso de cierre es fundamental para el éxito en las ventas. Al cambiar la perspectiva sobre el rechazo, centrarse en el valor ofrecido, practicar la resiliencia y estar preparado para el rechazo, los vendedores pueden aumentar su confianza, mejorar su capacidad para cerrar ventas y alcanzar sus objetivos comerciales con mayor consistencia y éxito.

Capítulo 7

Comunicación digital

En el mundo actual, las herramientas digitales son esenciales para la comunicación efectiva con los clientes. Estas herramientas abarcan una amplia gama de plataformas y tecnologías que permiten a los vendedores interactuar con su audiencia de manera rápida, personalizada y eficiente. Una de las herramientas más importantes en este sentido son las redes sociales. Plataformas como Facebook, Instagram, Twitter y LinkedIn ofrecen oportunidades únicas para compartir contenido relevante, interactuar con los clientes en tiempo real y recopilar comentarios y opiniones.

Otra herramienta clave es el correo electrónico. Aunque ha existido durante mucho tiempo, el correo electrónico sigue siendo una forma efectiva de comunicarse directamente con los clientes. Los vendedores pueden utilizar el correo electrónico para enviar boletines informativos, promociones especiales, actualizaciones de productos y seguimientos personalizados después de una compra. Además, el correo electrónico permite segmentar la audiencia y enviar mensajes específicos a grupos de clientes con intereses y necesidades similares.

El chat en vivo y la mensajería instantánea son otras herramientas valiosas para la comunicación

Comunicación Efectiva: El Secreto del Éxito en Ventas

con los clientes en tiempo real. Estas herramientas permiten a los vendedores responder preguntas, proporcionar soporte técnico y guiar a los clientes a lo largo del proceso de compra de manera rápida y eficiente. Además, ofrecen la oportunidad de personalizar la experiencia del cliente y resolver problemas de manera proactiva antes de que se conviertan en un obstáculo para la venta.

Las plataformas de gestión de relaciones con el cliente (CRM) también desempeñan un papel fundamental en la comunicación con los clientes. Estas plataformas permiten a los vendedores mantener un registro detallado de las interacciones con los clientes, sus preferencias y comportamientos de compra. Además, ayudan a personalizar las interacciones y ofrecer un servicio más relevante y personalizado.

Las herramientas de automatización de marketing son clave para optimizar la comunicación con los clientes a lo largo del ciclo de vida del cliente. Estas herramientas permiten a los vendedores crear campañas de marketing automatizadas y personalizadas en diferentes canales, como correo electrónico, redes sociales y sitios web. Facilitan la segmentación de la audiencia, el seguimiento del comportamiento del cliente y el envío de mensajes personalizados en momentos clave del ciclo de compra.

Comunicación Efectiva: El Secreto del Éxito en Ventas

Las herramientas digitales son fundamentales para la comunicación efectiva con los clientes en el mundo actual. Desde las redes sociales y el correo electrónico hasta el chat en vivo y las plataformas de CRM, estas herramientas ofrecen una amplia gama de opciones para interactuar con los clientes y crear experiencias memorables que impulsen las ventas y la fidelización. Es crucial para los vendedores aprovechar al máximo estas herramientas y adaptar su enfoque de comunicación a las necesidades y preferencias de su audiencia.

Estrategias efectivas de comunicación digital en ventas

En el mundo actual, donde la presencia en línea es fundamental, las estrategias de comunicación digital son esenciales para el éxito en ventas. Estas estrategias abarcan una amplia gama de tácticas diseñadas para llegar a los clientes a través de diversos canales digitales y crear relaciones sólidas que impulsen las ventas. Aquí exploraremos algunas estrategias efectivas de comunicación digital en ventas:

Una de las estrategias más importantes es la creación de contenido relevante y atractivo. Esto incluye publicaciones en redes sociales, blogs, videos y otros tipos de contenido que proporcionen valor a los clientes y los mantengan comprometidos. El contenido relevante puede abordar problemas o preguntas comunes de los clientes, ofrecer consejos útiles o compartir historias inspiradoras que resuenen con la audiencia objetivo.

Otra estrategia efectiva es la segmentación de la audiencia. En lugar de adoptar un enfoque único para todos, los vendedores pueden utilizar datos demográficos, comportamientos de compra y otras métricas para dividir su audiencia en grupos más pequeños y específicos. Esto les permite personalizar sus mensajes y ofrecer contenido que sea más relevante y atractivo para cada segmento de la audiencia.

La automatización del marketing es otra herramienta poderosa en el arsenal de los vendedores digitales. Esta técnica les permite programar correos electrónicos, publicaciones en redes sociales y otras comunicaciones para que se envíen en momentos estratégicos durante el ciclo de vida del cliente. La automatización del marketing ayuda a los vendedores a ahorrar tiempo y recursos, al tiempo que garantiza que los clientes reciban mensajes oportunos y relevantes en todo momento.

El uso de herramientas de análisis web y seguimiento de clientes también es fundamental para el éxito en ventas digitales. Estas herramientas permiten a los vendedores rastrear el

Comunicación Efectiva: El Secreto del Éxito en Ventas

comportamiento de los visitantes en línea, como las páginas visitadas, el tiempo pasado en el sitio y las acciones realizadas. Con esta información, los vendedores pueden identificar patrones de comportamiento, entender las necesidades y preferencias de los clientes y ajustar sus estrategias de comunicación en consecuencia.

La interacción en tiempo real con los clientes a través de chat en vivo, mensajes directos en redes sociales y otras plataformas de mensajería instantánea es crucial para construir relaciones sólidas y cerrar ventas. Estas herramientas permiten a los vendedores responder preguntas, proporcionar asistencia y guiar a los clientes a lo largo del proceso de compra de manera rápida y efectiva.

Las estrategias de comunicación digital son fundamentales para el éxito en ventas en el mundo actual. Desde la creación de contenido relevante hasta la segmentación de la audiencia, la automatización del marketing y la interacción en tiempo real con los clientes, estas estrategias ofrecen a los vendedores las herramientas necesarias para llegar a su audiencia de manera efectiva, construir relaciones sólidas y cerrar ventas de manera exitosa. Es crucial para los vendedores aprovechar al máximo estas estrategias y adaptar su enfoque de comunicación a las necesidades y preferencias de su audiencia en línea.

Comunicación Efectiva: El Secreto del Éxito en Ventas

Manteniendo una presencia relevante en las redes sociales y otros medios digitales

En la era digital actual, mantener una presencia relevante en las redes sociales y otros medios digitales es esencial para cualquier empresa que busque conectar con su audiencia y promover sus productos o servicios. Para lograr esto, es fundamental comprender a fondo a la audiencia objetivo y adaptar las estrategias de comunicación en consecuencia. Esto implica crear contenido valioso y relevante que resuene con los intereses y necesidades del público objetivo.

La consistencia es clave en el mantenimiento de una presencia relevante en línea. Esto significa mantener una presencia activa en las redes sociales, publicando regularmente contenido nuevo y relevante que mantenga a la audiencia comprometida y interesada. Además, es importante interactuar con la audiencia respondiendo a comentarios, preguntas y mensajes de manera oportuna y auténtica.

Otro aspecto importante es seguir las tendencias y adaptarse a los cambios en el panorama digital. Las redes sociales y otros medios digitales están en constante evolución, y es crucial mantenerse al día con las últimas tendencias y características de las plataformas. Esto puede implicar probar nuevos formatos de contenido, como videos en vivo o

Comunicación Efectiva: El Secreto del Éxito en Ventas

historias, o aprovechar las nuevas características ofrecidas por las plataformas sociales.

La participación activa de la audiencia también es fundamental para mantener una presencia relevante en línea. Esto puede lograrse mediante la realización de encuestas, concursos, preguntas y respuestas, y otras formas de interacción que fomenten la participación y el compromiso de la audiencia. Esto no solo ayuda a mantener a la audiencia interesada, sino que también proporciona información valiosa sobre sus intereses y preferencias.

Por último, pero no menos importante, es fundamental analizar regularmente los resultados y ajustar las estrategias en consecuencia. Esto implica monitorear métricas clave como el compromiso, el alcance y las conversiones, y utilizar esta información para refinar y mejorar continuamente las estrategias de comunicación en línea. Al analizar regularmente los resultados y ajustar las estrategias según sea necesario, las empresas pueden garantizar que su presencia en línea siga siendo relevante y efectiva en un entorno digital en constante cambio.

Mantener una presencia relevante en las redes sociales y otros medios digitales requiere un enfoque estratégico y continuo. Al crear contenido valioso, mantener una presencia activa, seguir las tendencias, fomentar la participación de la audiencia y analizar regularmente los resultados, las empresas pueden asegurarse de que su marca esté presente y sea relevante en el mundo digital en constante evolución.

Consideraciones éticas en la comunicación digital con clientes

En el ámbito de la comunicación digital con clientes, es fundamental considerar aspectos éticos para garantizar relaciones sólidas y de confianza. La ética en este contexto se refiere a la integridad, transparencia y respeto hacia los clientes en todas las interacciones en línea.

Es esencial que cualquier comunicación digital con los clientes sea transparente y veraz. Esto implica proporcionar información precisa y completa sobre productos, servicios, precios y políticas. Los vendedores deben evitar exageraciones o afirmaciones engañosas que puedan inducir a error a los clientes y socavar la confianza en la marca.

La privacidad de los datos es una preocupación creciente en el mundo digital. Los vendedores deben respetar la privacidad de los clientes y cumplir con las leyes y regulaciones de protección de datos. Esto incluye obtener el consentimiento adecuado para recopilar y utilizar información

Comunicación Efectiva: El Secreto del Éxito en Ventas

personal, así como proteger los datos del cliente de accesos no autorizados y uso indebido.

Si bien la personalización puede mejorar la experiencia del cliente, es importante hacerlo de manera ética. Esto implica recopilar datos de manera transparente y utilizarlos de manera responsable para ofrecer contenido y recomendaciones relevantes. Los vendedores deben evitar el uso de datos sensibles o invasivos que puedan hacer que los clientes se sientan incómodos o violen su privacidad.

La comunicación digital no debe ser utilizada para manipular o coaccionar a los clientes para que realicen compras. Los vendedores deben evitar tácticas como la presión excesiva, la creación de escasez artificial o el uso de estrategias de miedo para impulsar las ventas. En su lugar, deben centrarse en ofrecer valor genuino y ayudar a los clientes a tomar decisiones informadas.

La honestidad y la sinceridad son fundamentales en todas las interacciones con los clientes. Los vendedores deben ser transparentes sobre sus productos y servicios, incluidas las limitaciones y posibles inconvenientes. Esto incluye proporcionar información clara sobre políticas de devolución, garantías y términos de servicio.

Comunicación Efectiva: El Secreto del Éxito en Ventas

Las consideraciones éticas son fundamentales en la comunicación digital con los clientes. Desde la transparencia y la privacidad hasta la honestidad y la personalización ética, los vendedores deben asegurarse de que todas sus interacciones en línea estén alineadas con los más altos estándares éticos. Esto no solo construye relaciones sólidas y de confianza con los clientes, sino que también fortalece la reputación de la marca a largo plazo.

Capítulo 8
Empatía y conexión emocional

La empatía desempeña un papel fundamental en el proceso de ventas, ya que permite a los vendedores comprender las necesidades, deseos y preocupaciones de los clientes de una manera más profunda y significativa. Al ponerse en el lugar del cliente y entender su perspectiva, los vendedores pueden establecer conexiones más sólidas y auténticas, lo que lleva a relaciones más sólidas y duraderas.

La empatía en las ventas no se trata solo de comprender las emociones del cliente, sino también de actuar en consecuencia para satisfacer sus necesidades de la mejor manera posible. Esto implica escuchar activamente, hacer preguntas abiertas y demostrar interés genuino en resolver los problemas del cliente. Al mostrar empatía, los vendedores pueden construir la confianza del cliente y aumentar la probabilidad de cerrar una venta.

Además, la empatía permite a los vendedores adaptar sus enfoques de ventas a las necesidades específicas de cada cliente. Reconocen que cada cliente es único y tiene diferentes motivaciones y preocupaciones. Al comprender estas diferencias, los vendedores pueden personalizar sus mensajes y ofrecer soluciones que sean verdaderamente relevantes y valiosas para cada cliente.

La empatía también juega un papel importante en la gestión de objeciones. En lugar de simplemente tratar de superar las objeciones del cliente, los vendedores empáticos se toman el tiempo para comprender la raíz de la objeción y abordarla de manera constructiva. Esto puede implicar ofrecer información adicional, proporcionar pruebas sociales o simplemente brindar apoyo y tranquilidad al cliente.

La empatía es esencial en las ventas porque permite a los vendedores comprender mejor a sus clientes, establecer conexiones más sólidas y adaptar sus enfoques de ventas de manera efectiva. Al mostrar empatía, los vendedores pueden construir relaciones más profundas y significativas con los clientes, lo que a su vez conduce a un mayor éxito en las ventas y una mayor satisfacción del cliente.

Desarrollando habilidades de empatía en la interacción con clientes

Desarrollar habilidades de empatía en la interacción con clientes es crucial para construir relaciones sólidas y duraderas. Esto implica una serie de estrategias que se centran en comprender y responder a las necesidades emocionales y prácticas del cliente.

Comunicación Efectiva: El Secreto del Éxito en Ventas

La escucha activa es el primer paso para desarrollar la empatía. Esto implica prestar atención completa a lo que el cliente está diciendo, sin interrumpir y sin pensar en lo que se va a responder mientras el cliente habla. Es importante mostrar interés genuino en lo que el cliente está comunicando, tanto verbal como no verbalmente.

Trata de comprender la situación desde la perspectiva del cliente. Esto significa considerar sus necesidades, deseos y preocupaciones, así como cualquier desafío o problema que puedan enfrentar. Al ponerse en los zapatos del cliente, puedes desarrollar una comprensión más profunda de sus emociones y motivaciones.

La empatía cognitiva implica comprender los pensamientos y sentimientos del cliente, mientras que la empatía emocional implica experimentar esas emociones de manera similar. Practica identificar y validar las emociones del cliente, incluso si no estás de acuerdo con ellas. Mostrar empatía emocional puede ayudar a crear un ambiente de apoyo y comprensión.

Haz preguntas abiertas que inviten al cliente a compartir más sobre sus experiencias y sentimientos. Esto puede ayudar a profundizar la conexión emocional y permitir una mejor comprensión de las necesidades del cliente. Evita hacer preguntas cerradas que solo requieran respuestas breves.

Reconoce y valida los sentimientos del cliente, incluso si no estás de acuerdo con ellos. Expresa comprensión y empatía hacia sus experiencias y preocupaciones. Esto puede ayudar a establecer una conexión más sólida y construir la confianza del cliente.

Aprovecha cualquier retroalimentación que recibas de los clientes para mejorar tus habilidades de empatía. Escucha atentamente sus comentarios y busca patrones o áreas de mejora. Estar abierto a la retroalimentación puede ayudarte a crecer como profesional y fortalecer tus relaciones con los clientes.

Desarrollar habilidades de empatía en la interacción con clientes requiere práctica y dedicación. Al practicar la escucha activa, ponerse en el lugar del cliente, practicar la empatía cognitiva y emocional, hacer preguntas reflexivas, reconocer y validar los sentimientos del cliente, y aprender de la retroalimentación, puedes mejorar significativamente tus habilidades de empatía y construir relaciones más sólidas y satisfactorias con los clientes.

Comunicación Efectiva: El Secreto del Éxito en Ventas

Estrategias para establecer una conexión emocional con los clientes

Establecer una conexión emocional con los clientes es fundamental para construir relaciones sólidas y duraderas que beneficien tanto a la empresa como a los consumidores. Esto implica un enfoque estratégico y centrado en el cliente que se basa en prácticas como la escucha activa, la empatía y la personalización de la experiencia del cliente.

Escuchar activamente a los clientes demuestra interés genuino en sus necesidades y preocupaciones. Esto implica prestar atención completa a lo que dicen, mostrar empatía y hacer preguntas reflexivas para comprender mejor sus emociones y experiencias.

Mostrar empatía hacia los clientes implica reconocer y validar sus emociones. Esto puede hacerse expresando comprensión y apoyo cuando los clientes comparten sus experiencias y preocupaciones. La empatía crea un vínculo emocional y fortalece la conexión con el cliente.

Adaptar la experiencia del cliente a sus necesidades individuales crea una conexión emocional más profunda. Esto puede incluir el uso de nombres personalizados, recordar sus preferencias anteriores y ofrecer recomendaciones personalizadas basadas en su historial de compras o comportamiento en línea.

Utilizar narrativas emocionales y experiencias de clientes reales puede ayudar a establecer una conexión emocional más profunda. Las historias auténticas y emotivas pueden resonar con los clientes a un nivel emocional, lo que les hace sentirse más conectados con la marca y sus valores.

Expresar gratitud y aprecio hacia los clientes fortalece la relación emocional. Esto puede incluir el envío de notas de agradecimiento personalizadas, ofrecer descuentos especiales o regalos exclusivos como muestra de reconocimiento por su lealtad y apoyo.

Ofrecer experiencias únicas y memorables ayuda a diferenciar la marca y generar una conexión emocional duradera. Esto puede implicar la organización de eventos exclusivos para clientes, la creación de contenido inspirador o la participación en causas sociales que resuenen con los valores del cliente.

La comunicación regular y auténtica es esencial para mantener una conexión emocional con los clientes. Esto implica estar presente en los canales de comunicación preferidos por los clientes, responder de manera oportuna y proporcionar información relevante y útil de manera constante.

Comunicación Efectiva: El Secreto del Éxito en Ventas

Establecer una conexión emocional con los clientes requiere un enfoque proactivo y centrado en el cliente. Al practicar la escucha activa, mostrar empatía, personalizar la experiencia del cliente, contar historias significativas, mostrar aprecio y gratitud, crear experiencias memorables y mantener una comunicación consistente y auténtica, las empresas pueden construir relaciones sólidas y duraderas que generen lealtad y satisfacción a largo plazo.

Beneficios de la conexión emocional en el proceso de venta

La conexión emocional en el proceso de venta proporciona una serie de beneficios significativos tanto para los clientes como para los vendedores. Aquí detallo algunos de ellos:

En primer lugar, la conexión emocional crea una experiencia más satisfactoria para el cliente. Cuando los clientes se sienten comprendidos, valorados y conectados emocionalmente con un vendedor o una marca, tienen más probabilidades de experimentar un mayor nivel de satisfacción con su compra. Esto puede resultar en clientes más felices y leales que están dispuestos a regresar y recomendar la empresa a otros.

Además, la conexión emocional puede aumentar la confianza del cliente en el vendedor y en la marca.

Comunicación Efectiva: El Secreto del Éxito en Ventas

Cuando los clientes sienten que un vendedor se preocupa sinceramente por sus necesidades y deseos, están más inclinados a confiar en sus recomendaciones y sugerencias. Esto puede llevar a una mayor tasa de conversión y a un aumento en las ventas.

Otro beneficio importante de la conexión emocional en el proceso de venta es que puede ayudar a diferenciar a una empresa de la competencia. En un mercado saturado donde los productos y servicios son cada vez más similares, la conexión emocional puede ser un factor clave que distinga a una marca. Los clientes son más propensos a elegir una empresa con la que se sientan emocionalmente conectados, incluso si eso significa pagar un poco más o sacrificar ciertas características.

Además, la conexión emocional puede conducir a relaciones más duraderas y profundas entre los clientes y la empresa. Cuando los clientes se sienten emocionalmente conectados, están más comprometidos con la marca a largo plazo. Esto puede resultar en una mayor retención de clientes, lo que a su vez puede generar ingresos recurrentes y estabilidad financiera para la empresa.

La conexión emocional puede generar un impacto positivo en la reputación y la imagen de la empresa. Los clientes que experimentan una conexión

Comunicación Efectiva: El Secreto del Éxito en Ventas

emocional positiva con una empresa son más propensos a compartir su experiencia con amigos, familiares y en las redes sociales. Esto puede generar publicidad boca a boca positiva y mejorar la percepción pública de la empresa, lo que a su vez puede atraer a nuevos clientes y fortalecer la base existente de clientes.

La conexión emocional en el proceso de venta proporciona una serie de beneficios tanto para los clientes como para los vendedores, incluida una experiencia más satisfactoria para el cliente, un aumento en la confianza y la lealtad, una diferenciación competitiva, relaciones más duraderas y profundas, y una mejora en la reputación y la imagen de la empresa. Estos beneficios pueden contribuir significativamente al éxito a largo plazo y la rentabilidad de la empresa.

Capítulo 9
Resolución de conflictos

Resolver conflictos de manera constructiva en el contexto de las ventas es esencial para mantener relaciones positivas con los clientes y asegurar el éxito a largo plazo de la empresa. Aquí se presentan varias estrategias efectivas para abordar los conflictos de manera constructiva:

En primer lugar, es importante abordar los conflictos con una mentalidad abierta y receptiva. Esto implica escuchar activamente las preocupaciones y perspectivas del cliente sin juzgar ni reaccionar defensivamente. Al demostrar empatía y comprensión hacia el punto de vista del cliente, se puede establecer una base sólida para una resolución constructiva del conflicto.

Una vez que se ha entendido claramente la naturaleza del conflicto, es crucial identificar y reconocer las necesidades y preocupaciones subyacentes dc todas las partes involucradas. Esto puede implicar hacer preguntas para clarificar el problema y explorar posibles soluciones que aborden las preocupaciones de manera equitativa y satisfactoria para ambas partes.

Es importante mantener la calma y la compostura durante la resolución de conflictos, incluso en situaciones emocionales o desafiantes. Mantener la

Comunicación Efectiva: El Secreto del Éxito en Ventas

objetividad y la profesionalidad ayuda a reducir la tensión y facilita una comunicación más efectiva y respetuosa entre todas las partes involucradas.

Una estrategia útil para resolver conflictos de manera constructiva es buscar soluciones colaborativas que beneficien a ambas partes. Esto implica trabajar en conjunto para encontrar un compromiso o una solución mutuamente satisfactoria que aborde las preocupaciones de todas las partes de manera justa y equitativa.

Además, es importante comunicar claramente las expectativas y compromisos acordados durante la resolución del conflicto. Esto ayuda a evitar malentendidos futuros y asegura que todas las partes estén alineadas en cuanto a las acciones y responsabilidades requeridas para resolver el problema.

Es fundamental seguir el seguimiento del conflicto después de que se haya alcanzado una solución para asegurar que se cumplan los compromisos acordados y que no surjan problemas adicionales. Esto puede implicar el establecimiento de plazos claros y la programación de reuniones de seguimiento para evaluar el progreso y abordar cualquier problema pendiente.

Un enfoque constructivo para la resolución de conflictos en ventas implica abordar los problemas con una mentalidad abierta y receptiva, identificar las necesidades y preocupaciones subyacentes, mantener la calma y la compostura, buscar soluciones colaborativas, comunicar claramente las expectativas y compromisos, y seguir el seguimiento del conflicto para asegurar una resolución satisfactoria a largo plazo.

Al adoptar este enfoque, las empresas pueden mantener relaciones positivas con los clientes y promover un entorno de trabajo productivo y armonioso.

Técnicas efectivas para manejar situaciones de conflicto con clientes

Manejar situaciones de conflicto con clientes de manera efectiva es crucial para mantener relaciones positivas y asegurar la satisfacción del cliente. Aquí presento algunas técnicas efectivas para abordar estas situaciones:

Es fundamental mantener la calma y la compostura en todo momento. Aunque las situaciones de conflicto pueden ser estresantes, es importante evitar reaccionar de manera impulsiva o emocional. Mantener la calma ayuda a mantener la objetividad y facilita una comunicación más efectiva con el cliente.

Comunicación Efectiva: El Secreto del Éxito en Ventas

Escuchar activamente al cliente es otra técnica importante. Esto implica prestar atención completa a lo que el cliente está diciendo, sin interrumpirlo ni juzgarlo. Permitir que el cliente exprese sus preocupaciones y sentimientos ayuda a construir confianza y demuestra que sus preocupaciones son valoradas.

Validar los sentimientos del cliente es igualmente importante. Reconocer y validar las emociones del cliente, incluso si no estás de acuerdo con ellas, muestra empatía y comprensión. Expresar frases como "Entiendo por qué te sientes así" o "Lamento que hayas experimentado esa situación" puede ayudar a calmar al cliente y abrir la puerta para una resolución del conflicto más efectiva.

Una vez que se haya entendido claramente el problema, es importante disculparse sinceramente si la empresa ha cometido un error o si el cliente ha experimentado algún tipo de inconveniente. Una disculpa genuina puede ayudar a calmar al cliente y demostrar que la empresa valora su satisfacción y está comprometida con la resolución del problema.

Buscar soluciones prácticas y realistas es fundamental para resolver el conflicto de manera efectiva. Esto implica trabajar en conjunto con el cliente para encontrar una solución mutuamente satisfactoria que aborde sus preocupaciones de manera justa y equitativa. Estar dispuesto a comprometerse y encontrar un terreno común es clave para llegar a una resolución satisfactoria.

Finalmente, es importante hacer un seguimiento del conflicto después de que se haya alcanzado una solución para asegurarse de que el cliente esté satisfecho con el resultado. Esto puede implicar enviar un correo electrónico de seguimiento o realizar una llamada telefónica para verificar que el problema se haya resuelto de manera satisfactoria y que el cliente esté contento con la forma en que se manejó la situación.

Manejar situaciones de conflicto con clientes de manera efectiva requiere mantener la calma y la compostura, escuchar activamente y validar los sentimientos del cliente, disculparse sinceramente cuando sea necesario, buscar soluciones prácticas y realistas, y hacer un seguimiento del conflicto para garantizar la satisfacción del cliente. Al utilizar estas técnicas, las empresas pueden resolver conflictos de manera efectiva y mantener relaciones positivas con sus clientes.

Manteniendo la calma y la profesionalidad en situaciones conflictivas

Mantener la calma y la profesionalidad en situaciones conflictivas es esencial para gestionar eficazmente cualquier problema que surja con los clientes. Aquí te detallo cómo lograrlo:

Comunicación Efectiva: El Secreto del Éxito en Ventas

Es crucial recordar la importancia de mantener la compostura incluso en situaciones estresantes o desafiantes. Mantener la calma ayuda a mantener la claridad mental y la capacidad de tomar decisiones racionales, lo que es fundamental para abordar el conflicto de manera efectiva.

Una técnica útil para mantener la calma es practicar la respiración consciente. Tomarse unos momentos para respirar profundamente y centrarse en la respiración puede ayudar a reducir el estrés y la ansiedad, lo que permite abordar la situación con una mente más tranquila y serena.

Otra estrategia importante es mantener una postura corporal abierta y relajada. Evitar cruzar los brazos o adoptar una postura defensiva puede ayudar a transmitir una sensación de calma y confianza, lo que puede ayudar a calmar al cliente y reducir la intensidad del conflicto.

Es fundamental recordar que la profesionalidad es clave en todas las interacciones con los clientes, incluso en situaciones conflictivas. Esto implica mantener un tono de voz tranquilo y respetuoso, evitar interrumpir al cliente y escuchar atentamente sus preocupaciones antes de responder.

Además, es importante mantener el enfoque en encontrar una solución al problema en lugar de entrar en discusiones o confrontaciones innecesarias. Mantenerse enfocado en resolver el problema de manera constructiva ayuda a mantener la conversación en un tono positivo y a avanzar hacia una resolución satisfactoria.

Es fundamental recordar que, aunque puede ser tentador dejarse llevar por la emoción en situaciones conflictivas, mantener la calma y la profesionalidad es fundamental para garantizar que el conflicto se resuelva de manera efectiva y que se mantenga una relación positiva con el cliente.

Mantener la calma y la profesionalidad en situaciones conflictivas es esencial para gestionar eficazmente cualquier problema que surja con los clientes.

Al practicar técnicas de respiración consciente, mantener una postura corporal abierta y relajada, mantener un tono de voz tranquilo y respetuoso, mantenerse enfocado en encontrar soluciones y recordar la importancia de la profesionalidad en todas las interacciones con los clientes, los vendedores pueden abordar conflictos de manera efectiva y mantener relaciones positivas con los clientes.

Comunicación Efectiva: El Secreto del Éxito en Ventas

Convertir conflictos en oportunidades para fortalecer la relación con el cliente

Convertir conflictos en oportunidades para fortalecer la relación con el cliente es una habilidad invaluable en el mundo de las ventas y el servicio al cliente. Aquí se detalla cómo hacerlo de manera efectiva:

Es importante abordar los conflictos con una mentalidad positiva y proactiva. En lugar de ver los conflictos como obstáculos, es útil verlos como oportunidades para aprender y crecer. Esta mentalidad puede cambiar fundamentalmente la forma en que se aborda el conflicto y puede abrir la puerta a soluciones innovadoras y creativas.

Una estrategia clave para convertir conflictos en oportunidades es demostrar empatía y comprensión hacia el cliente. Esto implica escuchar activamente sus preocupaciones, validar sus sentimientos y mostrar interés genuino en resolver el problema de manera satisfactoria para ambas partes. Al hacerlo, se puede construir una conexión emocional más profunda con el cliente y fortalecer la relación en lugar de debilitarla.

Otra técnica efectiva es tomar la iniciativa para resolver el conflicto de manera proactiva y oportuna. En lugar de esperar a que el cliente se queje o presente una queja formal, es útil anticipar posibles problemas y abordarlos antes de que se conviertan en problemas mayores. Esto demuestra al cliente que la empresa valora su satisfacción y está comprometida con proporcionar un servicio excepcional.

Además, es importante asumir la responsabilidad por cualquier error o inconveniente que haya causado el conflicto. Asumir la responsabilidad muestra integridad y construye confianza con el cliente. En lugar de buscar culpables o excusas, es útil centrarse en encontrar una solución al problema y tomar medidas para evitar que vuelva a ocurrir en el futuro.

Una vez que se haya resuelto el conflicto de manera satisfactoria, es importante hacer un seguimiento con el cliente para asegurarse de que esté satisfecho con la resolución. Esto puede implicar enviar un correo electrónico de seguimiento, realizar una llamada telefónica o solicitar comentarios para garantizar que el cliente se sienta valorado y escuchado.

Convertir conflictos en oportunidades para fortalecer la relación con el cliente requiere una combinación de empatía, proactividad, asunción de responsabilidad y seguimiento. Al abordar los conflictos con una mentalidad positiva y buscar soluciones creativas y satisfactorias para ambas partes, las empresas pueden convertir los

Comunicación Efectiva: El Secreto del Éxito en Ventas

momentos difíciles en oportunidades para construir relaciones más sólidas y duraderas con sus clientes.

Capítulo 10
Feedback y mejora continua

El feedback juega un papel fundamental en el crecimiento profesional de cualquier individuo, ya que proporciona una perspectiva externa sobre su desempeño, habilidades y áreas de mejora. Aquí se explora en profundidad su importancia:

En primer lugar, el feedback proporciona información valiosa sobre el rendimiento de una persona. Permite a los individuos comprender cómo son percibidos por otros, qué están haciendo bien y qué áreas necesitan mejorar. Esta retroalimentación objetiva es fundamental para identificar fortalezas y debilidades, lo que permite a las personas enfocar sus esfuerzos en el desarrollo personal y profesional.

Además, el feedback ayuda a las personas a desarrollar una mayor conciencia de sí mismas. Al recibir comentarios sobre su comportamiento, habilidades y estilo de trabajo, las personas pueden ganar una comprensión más profunda de sus propias fortalezas, debilidades, hábitos y patrones de comportamiento. Esta conciencia aumentada es crucial para el crecimiento personal y profesional.

Otra ventaja del feedback es que promueve la mejora continua. Al recibir comentarios regulares sobre su desempeño, las personas tienen la

Comunicación Efectiva: El Secreto del Éxito en Ventas

oportunidad de aprender de sus errores, experimentar con nuevas ideas y enfoques, y desarrollar habilidades nuevas y existentes. Esta cultura de mejora continua es esencial para mantenerse relevante y competitivo en un entorno laboral en constante cambio.

Además, el feedback proporciona validación y reconocimiento por el trabajo bien hecho. Reconocer los logros y contribuciones de los individuos no solo aumenta su motivación y compromiso, sino que también fortalece su autoestima y confianza en sí mismos. Esta validación puede ser especialmente poderosa cuando proviene de colegas, supervisores y clientes.

Por último, el feedback fomenta una cultura de comunicación abierta y transparente en el lugar de trabajo. Cuando se fomenta un ambiente donde se valora y se busca activamente el feedback, se promueve la confianza, la colaboración y el trabajo en equipo. Esto crea un entorno donde las personas se sienten seguras para expresar sus opiniones, compartir ideas y resolver problemas de manera efectiva.

El feedback es fundamental para el crecimiento profesional ya que proporciona información valiosa, promueve la conciencia de sí mismo, fomenta la mejora continua, ofrece validación y reconocimiento, y fomenta una cultura de comunicación abierta y transparente. Al recibir y utilizar el feedback de manera efectiva, los individuos pueden desarrollar sus habilidades, alcanzar su máximo potencial y avanzar en sus carreras profesionales.

Estrategias para recibir y aprovechar el feedback de clientes y colegas

Recibir y aprovechar el feedback de clientes y colegas es fundamental para el crecimiento profesional y el éxito en cualquier campo. Aquí se presentan algunas estrategias efectivas para hacerlo:

Estar abierto y receptivo al feedback. Esto significa estar dispuesto a escuchar activamente lo que los clientes y colegas tienen que decir, incluso si es crítico o desafiante. Mantener una mente abierta y evitar ponerse a la defensiva permite aprovechar al máximo las oportunidades de aprendizaje y crecimiento que ofrece el feedback.

Una estrategia clave para recibir feedback de manera efectiva es pedirlo activamente. En lugar de esperar a que los clientes y colegas ofrezcan feedback voluntariamente, es útil solicitarlo de manera proactiva. Esto puede implicar hacer preguntas específicas como "¿Qué puedo hacer para mejorar nuestro servicio?" o "¿Qué aspectos de mi trabajo podrían ser más efectivos?" Esto demuestra un compromiso con la mejora continua y fomenta una cultura de retroalimentación abierta y honesta.

Ser específico al solicitar feedback. En lugar de preguntar de manera genérica, es útil ser lo más específico posible sobre qué aspectos del desempeño o el trabajo se está buscando feedback. Esto ayuda a dirigir la conversación y proporciona información más útil y relevante.

Una vez que se ha recibido feedback, es crucial tomarlo en serio y actuar en consecuencia. Esto implica reflexionar sobre el feedback recibido, identificar patrones o áreas comunes de mejora y desarrollar un plan de acción para abordarlos. Tomar medidas concretas basadas en el feedback recibido demuestra un compromiso genuino con la mejora y el crecimiento profesional.

Además, es útil buscar feedback de múltiples fuentes. Esto puede incluir clientes individuales, colegas de diferentes departamentos o áreas de especialización, supervisores y mentores. Obtener una variedad de perspectivas puede proporcionar una imagen más completa y precisa de áreas de fortaleza y áreas de mejora.

Comunicación Efectiva: El Secreto del Éxito en Ventas

Es importante expresar gratitud por el feedback recibido, ya sea positivo o constructivo. Reconocer y agradecer a los clientes y colegas por tomarse el tiempo para proporcionar feedback muestra aprecio por sus opiniones y contribuciones, y fomenta relaciones positivas y de colaboración a largo plazo.

Recibir y aprovechar el feedback de clientes y colegas es fundamental para el crecimiento profesional y el éxito. Al estar abierto y receptivo al feedback, pedirlo activamente, ser específico en las solicitudes, tomar medidas concretas basadas en el feedback recibido, buscar feedback de múltiples fuentes y expresar gratitud por el feedback recibido, los individuos pueden aprovechar al máximo las oportunidades de aprendizaje y desarrollo que ofrece el feedback.

Implementación de acciones de mejora basadas en el feedback recibido

La implementación de acciones de mejora basadas en el feedback recibido es un proceso fundamental para el crecimiento y el desarrollo tanto a nivel personal como profesional. Aquí se detalla cómo llevar a cabo este proceso de manera efectiva:

Comprender completamente el feedback recibido. Esto implica no solo leer o escuchar los comentarios, sino también analizarlos en profundidad para identificar patrones, áreas de mejora y oportunidades para el desarrollo. Esto puede implicar reflexionar sobre el feedback recibido y considerar cómo se relaciona con el desempeño, las habilidades y los objetivos profesionales individuales.

Una vez que se ha comprendido el feedback, el siguiente paso es establecer objetivos claros y específicos para la mejora. Estos objetivos deben ser alcanzables, medibles y relevantes para abordar las áreas identificadas para el desarrollo. Por ejemplo, si el feedback indica que se necesita mejorar en la comunicación con los clientes, un objetivo específico podría ser mejorar las habilidades de comunicación verbal y no verbal en un plazo determinado.

Después de establecer los objetivos, es importante desarrollar un plan de acción detallado para lograrlos. Este plan debe incluir pasos específicos que se tomarán para abordar cada área de mejora, así como los recursos necesarios y los plazos para su implementación. Es útil dividir el plan en tareas más pequeñas y manejables para facilitar su seguimiento y ejecución.

Una vez que se ha desarrollado el plan de acción, es fundamental ponerlo en práctica de manera consistente y diligente. Esto puede implicar dedicar tiempo y esfuerzo a desarrollar nuevas habilidades, adquirir conocimientos adicionales o cambiar ciertos comportamientos o hábitos. La consistencia y la perseverancia son clave para lograr el éxito en la implementación de acciones de mejora.

Monitorear y evaluar regularmente el progreso hacia los objetivos establecidos. Esto implica realizar un seguimiento de los avances realizados, identificar cualquier desviación o dificultad en el camino y ajustar el plan de acción según sea necesario. La retroalimentación continua es fundamental para asegurar que el proceso de mejora esté en el camino correcto.

Es esencial celebrar los logros y los éxitos alcanzados a lo largo del proceso de mejora. Reconocer y valorar el progreso realizado no solo aumenta la motivación y el compromiso, sino que también refuerza la importancia del feedback y la mejora continua en el desarrollo profesional.

La implementación de acciones de mejora basadas en el feedback recibido requiere comprensión, establecimiento de objetivos, desarrollo de un plan de acción, ejecución consistente, monitoreo y evaluación del progreso, y celebración de logros. Al seguir este proceso de manera diligente y enfocada, los individuos pueden aprovechar al máximo las oportunidades de aprendizaje y desarrollo que ofrece el feedback recibido.

Comunicación Efectiva: El Secreto del Éxito en Ventas

Cultura de mejora continua en el ámbito de las ventas

La cultura de mejora continua en el ámbito de las ventas es esencial para el éxito a largo plazo de cualquier equipo o empresa. Aquí se profundiza en la relevancia y las estrategias específicas para cultivar esta cultura:

Es crucial comprender la importancia de la mejora continua en las ventas. En un entorno comercial en constante evolución, donde las necesidades y preferencias de los clientes cambian rápidamente, las empresas deben adaptarse constantemente para mantenerse competitivas. La mejora continua en las ventas permite a las organizaciones ajustarse a las demandas del mercado, identificar y aprovechar oportunidades emergentes y superar los desafíos en un entorno empresarial dinámico.

Una forma de fomentar la cultura de mejora continua en las ventas es promover una mentalidad de aprendizaje y crecimiento. Esto implica alentar a los miembros del equipo a buscar constantemente nuevas formas de mejorar su desempeño, adquirir nuevas habilidades y conocimientos, y experimentar con diferentes enfoques y estrategias. Esta mentalidad de aprendizaje continuo crea un ambiente donde la innovación y la excelencia son valoradas y fomentadas.

Comunicación Efectiva: El Secreto del Éxito en Ventas

Establecer objetivos claros y medibles para guiar el proceso de mejora continua en las ventas. Estos objetivos pueden incluir aumentar las tasas de conversión, mejorar la retención de clientes, aumentar el valor promedio de las transacciones o cualquier otra métrica relevante para el éxito de ventas. Establecer objetivos específicos proporciona un punto de referencia claro para evaluar el progreso y mantener a los miembros del equipo enfocados y motivados.

Otra estrategia efectiva para cultivar una cultura de mejora continua en las ventas es fomentar la colaboración y el intercambio de conocimientos dentro del equipo. Esto puede implicar la organización de sesiones de lluvia de ideas, reuniones de colaboración o grupos de estudio donde los miembros del equipo pueden compartir ideas, experiencias y mejores prácticas. El intercambio de conocimientos y la colaboración fomentan la creatividad, la innovación y el aprendizaje mutuo, lo que contribuye al crecimiento y desarrollo de todo el equipo.

Utilizar el feedback regularmente para identificar áreas de mejora y oportunidades de desarrollo en el equipo de ventas. Esto puede implicar recopilar feedback de clientes, colegas, supervisores y otros interesados y utilizarlo para informar la toma de decisiones y la planificación

Comunicación Efectiva: El Secreto del Éxito en Ventas

estratégica. El feedback proporciona información valiosa sobre lo que está funcionando bien y lo que se puede mejorar, lo que permite a los equipos de ventas ajustar y mejorar continuamente su desempeño y resultados.

La cultura de mejora continua en el ámbito de las ventas es fundamental para el éxito a largo plazo de cualquier equipo o empresa. Al promover una mentalidad de aprendizaje y crecimiento, establecer objetivos claros y medibles, fomentar la colaboración y el intercambio de conocimientos, y utilizar el feedback de manera efectiva, las organizaciones pueden cultivar una cultura que impulse la innovación, la excelencia y el éxito en las ventas.

Capítulo 11
Resiliencia y manejo de estrés

La identificación de los efectos del estrés en la salud física y mental es crucial en el contexto de un entorno laboral exigente, como el de los vendedores. El estrés crónico puede tener un impacto significativo en varios aspectos de la salud, tanto física como mental, y comprender estos efectos es fundamental para abordar adecuadamente el problema.

El estrés prolongado puede manifestarse en síntomas físicos que afectan el bienestar general del individuo. Estos síntomas pueden incluir dolores de cabeza recurrentes, tensión muscular, problemas digestivos, fatiga crónica y trastornos del sueño. La tensión constante asociada con el estrés también puede conducir a un sistema inmunológico debilitado, lo que aumenta la susceptibilidad a enfermedades y afecta la capacidad del cuerpo para combatir infecciones.

El estrés también puede tener un impacto significativo en la salud mental. Las personas que experimentan estrés crónico pueden experimentar una variedad de problemas emocionales, como ansiedad, irritabilidad, cambios de humor, dificultades para concentrarse y sentimientos de desesperanza o desesperación. El estrés prolongado también puede aumentar el riesgo de desarrollar trastornos de ansiedad y depresión, especialmente si no se aborda adecuadamente.

En el lugar de trabajo, los efectos del estrés en la salud física y mental pueden tener consecuencias graves, tanto para los individuos como para la organización en su conjunto. Los empleados que experimentan estrés crónico pueden experimentar una disminución en la productividad, un aumento en el ausentismo laboral debido a enfermedades relacionadas con el estrés y una mayor probabilidad de agotamiento y desgaste laboral. Esto puede llevar a una disminución en la moral del equipo, una mayor rotación de empleados y un impacto negativo en la reputación y el rendimiento general de la empresa.

Por lo tanto, identificar y comprender los efectos del estrés en la salud física y mental es el primer paso crucial para abordar este problema de manera efectiva en el lugar de trabajo. Al reconocer los signos y síntomas del estrés, tanto los empleados como los empleadores pueden tomar medidas proactivas para reducir el riesgo de estrés crónico y promover un ambiente de trabajo más saludable y equilibrado para todos los involucrados.

Consecuencias a largo plazo del estrés crónico en la salud y el rendimiento laboral.

El estrés crónico puede tener consecuencias significativas a largo plazo en la salud y el rendimiento laboral de los vendedores. Examinar estas consecuencias es fundamental para comprender la importancia de abordar el estrés en el entorno de trabajo y tomar medidas preventivas para mitigar sus efectos negativos.

En términos de salud física, el estrés crónico puede aumentar el riesgo de desarrollar una variedad de problemas de salud a largo plazo. Por ejemplo, puede contribuir al desarrollo de enfermedades cardiovasculares, como hipertensión, enfermedad cardíaca y accidente cerebrovascular. El estrés crónico también puede afectar el sistema inmunológico, lo que aumenta la susceptibilidad a enfermedades infecciosas y reduce la capacidad del cuerpo para combatirlas.

El estrés crónico puede tener un impacto significativo en la salud mental de los vendedores. Puede aumentar el riesgo de desarrollar trastornos de ansiedad y depresión, así como otros problemas de salud mental relacionados. Los vendedores que experimentan estrés crónico pueden experimentar síntomas como fatiga, irritabilidad, dificultades para concentrarse y cambios de humor, lo que puede afectar su capacidad para realizar su trabajo de manera efectiva.

En cuanto al rendimiento laboral, el estrés crónico puede tener consecuencias negativas tanto a nivel individual como organizacional. A nivel individual, los vendedores que experimentan estrés crónico pueden experimentar una disminución en la productividad, una mayor propensión a cometer errores y dificultades para cumplir con los objetivos y expectativas laborales. También pueden experimentar un aumento en el ausentismo laboral debido a problemas de salud relacionados con el estrés.

A nivel organizacional, el estrés crónico entre los vendedores puede tener un impacto negativo en la moral del equipo, la cohesión del grupo y la cultura laboral en general. Esto puede llevar a una disminución en el compromiso de los empleados, un aumento en la rotación de personal y una pérdida de talento clave. Además, el estrés crónico puede afectar la reputación y el rendimiento general de la empresa, lo que puede tener consecuencias financieras significativas a largo plazo.

El estrés crónico puede tener efectos devastadores en la salud y el rendimiento laboral de los vendedores. Es fundamental que los empleadores reconozcan la importancia de abordar el estrés en el

Comunicación Efectiva: El Secreto del Éxito en Ventas

lugar de trabajo y tomen medidas proactivas para promover un ambiente laboral saludable y equilibrado. Esto puede incluir la implementación de programas de bienestar, el fomento de prácticas de autocuidado y la promoción de una cultura organizacional que valore la salud y el bienestar de sus empleados.

Epílogo

Potenciando la Comunicación Efectiva en las Ventas

A lo largo de este libro, hemos explorado una variedad de temas relacionados con la comunicación efectiva en el ámbito de las ventas. Desde la importancia de la escucha activa hasta las estrategias persuasivas y el manejo del estrés, cada tema abordado ha sido fundamental para equipar a los vendedores con las habilidades necesarias para alcanzar el éxito en un mercado cada vez más competitivo y exigente.

Comenzamos nuestro viaje comprendiendo la importancia de escuchar activamente a los clientes, reconociendo que la comunicación verdaderamente efectiva comienza con la capacidad de comprender las necesidades, deseos y preocupaciones de quienes estamos sirviendo. A través de técnicas de escucha activa, aprendimos a establecer una conexión más profunda con los clientes y a adaptar nuestras respuestas de manera significativa.

Exploramos cómo el lenguaje corporal y las señales no verbales pueden fortalecer nuestra comunicación, transmitiendo confianza, empatía y credibilidad. Al comprender y utilizar estas señales de manera efectiva, pudimos establecer una conexión más sólida con los clientes y transmitir mensajes persuasivos de manera más convincente.

Comunicación Efectiva: El Secreto del Éxito en Ventas

No obstante, también reconocimos que la comunicación efectiva va más allá de simplemente transmitir mensajes; implica comprender y adaptarse al cliente y a la situación en cuestión. A través de estrategias de adaptabilidad comunicativa, aprendimos a ajustar nuestro estilo de comunicación para satisfacer las necesidades individuales de cada cliente, mejorando así nuestra capacidad para influir y persuadir de manera efectiva.

Además, exploramos técnicas persuasivas éticas que nos permitieron influir en las decisiones de compra de los clientes de manera honesta y efectiva, respetando siempre su autonomía y toma de decisiones. Reconocimos la importancia de mantener una ética sólida en todas nuestras interacciones, priorizando siempre la satisfacción y el bienestar del cliente.

Sin embargo, el camino hacia el éxito en las ventas no cstá exento de desafíos y obstáculos, y uno de los mayores desafíos que enfrentamos es el manejo del estrés. Aprendimos a identificar los efectos del estrés en nuestra salud física y mental, reconociendo la importancia de cuidar nuestro bienestar en un entorno laboral exigente. A través de estrategias de manejo del estrés y autocuidado, fortalecimos nuestra resiliencia y capacidad para enfrentar los desafíos con determinación y claridad.

Comunicación Efectiva: El Secreto del Éxito en Ventas

En última instancia, este libro ha sido un recurso invaluable para aquellos que buscan perfeccionar sus habilidades de comunicación y ventas. Al integrar estos principios y técnicas en nuestra práctica diaria, podemos cultivar relaciones más sólidas con los clientes, influir en sus decisiones de compra de manera positiva y alcanzar nuestros objetivos de ventas con confianza y eficacia.

Recuerda, la comunicación efectiva es un arte que se perfecciona con la práctica y el compromiso continuo. Al seguir aprendiendo, creciendo y adaptándonos, podemos alcanzar nuevos niveles de éxito y hacer una diferencia significativa en el mundo de las ventas.

Comunicación Efectiva: El Secreto del Éxito en Ventas

Acerca del Autor

Dionisio Melo ha labrado una distinguida carrera mediante su incansable búsqueda de estrategias de ventas genuinamente efectivas para el exigente mercado latinoamericano. Su influencia abarca diversas dimensiones del ámbito de las ventas, ejerciendo un impacto significativo en toda la región.

No se limita únicamente a ser un orador destacado en conferencias de ventas y un guía experto en reuniones de entrenamiento y coaching personal para vendedores; va más allá al compartir su vasta experiencia y novedosas estrategias de ventas con más de 250 clientes. Entre ellos se encuentran corporativos de renombre como IBM, Fiat Auto Argentina, ICCA Asociación de Inmobiliarias en Argentina, Banco Económico S.A. en Bolivia, Clorox de Chile S.A., Sura de Seguros S.A. en Colombia, Seguros Bital S.A. de C.V. en México, EDAN Escuela de Administración de Negocios en Paraguay, Campo Fe en Perú, Orange Dominicana en la República Dominicana, Century 21 en Venezuela, y muchas otras empresas líderes en Latinoamérica.

Además de su destacado papel en el ámbito corporativo, Dionisio Melo ha plasmado su profundo conocimiento en varios libros sobre ventas y gerencia de ventas. Entre sus obras más destacadas se encuentran "220 Respuestas a Objeciones de Seguros", "El Corazón Inmobiliario", "100 Respuestas a Objeciones en Bienes Raíces" "Ventas 4.0: Estrategias Innovadoras para el Gerente del Siglo XXI" "100 Respuestas a Objeciones que plantean los clientes a los Asesores de Cementerios Privados". Asimismo, ha contribuido con "Prospección Efectiva, Clientes a la Carta" "Estrategias de Ventas para Asesores y Gerentes de Cementerios Privados". Estas publicaciones reflejan su compromiso con la excelencia en ventas y su habilidad para abordar los desafíos específicos de diversos sectores.

El impacto de Dionisio como experto en ventas es innegable; sus ideas y conocimientos son omnipresentes en empresas de prácticamente todos los sectores. Su popularidad trasciende las fronteras, llegando a una audiencia de más de 20,000 personas a través de boletines informativos en toda América Latina. Además, su influyente blog ha sido ampliamente compartido y republicado en numerosos sitios web especializados en negocios y ventas.

Dionisio Melo continúa desempeñando un papel crucial como consejero de empresas en constante crecimiento, brindando un apoyo inestimable para que estas compañías alcancen nuevos niveles de éxito en el competitivo mercado latinoamericano. Su dedicación y compromiso con la excelencia en

Comunicación Efectiva: El Secreto del Éxito en Ventas

ventas, respaldados por sus valiosas publicaciones, consolidan su posición como una figura influyente y respetada en la región.

www.ingramcontent.com/pod-product-compliance
Lightning Source LLC
Chambersburg PA
CBHW071051290526
45795CB00004B/1430